Motivation

Rainer Niermeyer
Manuel Seyffert

3. Auflage

Bibliografische Information der Deutschen Bibliothek
Die Deutsche Bibliothek verzeichnet diese Publikation in der Deutschen Nationalbibliografie; detaillierte bibliografische Daten sind im Internet über http://dnb.ddb.de abrufbar.

ISBN 978-3-448-08075-9
Bestell-Nr. 00716-0003

1. Auflage (ISBN 3-448-04872-0)
2., durchgesehene Auflage 2004 (ISBN 3-448-06431-9)
3., aktualisierte Auflage 2007

© 2007, Haufe Verlag GmbH & Co. KG, Niederlassung Planegg/München
Postanschrift: Postfach, 82142 Planegg
Hausanschrift: Fraunhoferstraße 5, 82152 Planegg
Fon (089) 89517-0, Fax (089) 89517-250
E-Mail: online@haufe.de
Internet www.haufe.de
Lektorat: Claudia Nöllke, Dr. Ilonka Kunow
Redaktion: Jürgen Fischer
Redaktionsassistenz: Christine Rüber

Alle Rechte, auch die des auszugsweisen Nachdrucks, der fotomechanischen Wiedergabe (einschließlich Mikrokopie) sowie der Auswertung durch Datenbanken oder ähnliche Einrichtungen vorbehalten.

Satz + Layout: albin fendt S6-media, 82152 Planegg
Umschlagentwurf: Agentur Buttgereit & Heidenreich, 45721 Haltern am See
Titelbild und Umschlaggestaltung: Simone Kienle, 70182 Stuttgart
Druck: freiburger graphische betriebe, 79108 Freiburg

Zur Herstellung der Bücher wird nur alterungsbeständiges Papier verwendet.

TaschenGuides – alles, was Sie wissen müssen

Für alle, die wenig Zeit haben und erfahren wollen, worauf es ankommt. Für Einsteiger und für Profis, die ihre Kenntnisse rasch auffrischen wollen.

Sie sparen Zeit und können das Wissen effizient umsetzen:

Kompetente Autoren erklären jedes Thema aktuell, leicht verständlich und praxisnah.

In der Gliederung finden Sie die wichtigsten Fragen und Probleme aus der Praxis.

Das übersichtliche Layout ermöglicht es Ihnen sich rasch zu orientieren.

Anleitungen „Schritt für Schritt", Checklisten und hilfreiche Tipps bieten Ihnen das nötige Werkzeug für Ihre Arbeit.

Als Schnelleinstieg die geeignete Arbeitsbasis für Gruppen in Organisationen und Betrieben.

Ihre Meinung interessiert uns! Mailen Sie einfach unter online@haufe.de an die TaschenGuide-Redaktion. Wir freuen uns auf Ihre Anregungen.

Inhalt

- **Vorwort** — 6

- **Die drei größten Irrtümer über Motivation** — 7
  - Motivation wird oft missverstanden — 8

- **Wie funktioniert Motivation?** — 11
  - Motivation ist das Ergebnis eines Prozesses — 12
  - Allgemeine und spezifische Motivation — 14
  - Bedingungen der spezifischen Motivation — 16

- **Wege zum persönlichen Erfolg** — 27
  - Ihr Lebenskonzept, Ihre Handlungsfelder und Ziele — 28
  - So klappt es mit der Selbstmotivation — 44
  - Wie Sie Stärken nutzen und ausbauen — 47
  - Denken Sie positiv — 52
  - Regenerieren Sie sich — 58

So motivieren Sie andere — 61
- Welche Rolle Sie als Führungskraft spielen — 62
- Formulieren Sie motivierende Ziele — 66
- Vermitteln Sie Selbstvertrauen — 71
- Gestalten Sie Handlungsspielräume — 74
- Fördern Sie die Entwicklung Ihrer Mitarbeiter — 77

Wie Sie Ihr Unternehmen motivierend gestalten — 85
- Handeln Sie zielorientiert — 86
- Vergütung – warum Geld nicht alles ist — 91
- Karrieremodelle schaffen Anreize — 97
- In Veränderungsprozessen richtig motivieren — 105
- Retention-Programme binden Mitarbeiter — 110
- Empowerment: Vom Mitarbeiter zum Mitunternehmer — 119

Ausblick — 123

Literaturverzeichnis — 124

Stichwortverzeichnis — 125

Vorwort

Motivation allein macht noch keinen Erfolg. Aber ohne Motivation ist Erfolg unmöglich. Die Frage ist nur: Wie funktioniert Motivation eigentlich? Und wie schafft man es sich selbst bzw. andere zu motivieren?

In diesem TaschenGuide erfahren Sie, was Motivation ist und unter welchen Bedingungen motiviertes Verhalten möglich wird. Sie lernen, wie Sie sich selbst immer wieder anspornen können. Führungskräften zeigen wir Methoden auf, mit deren Hilfe sie Motivationsprobleme in ihrem Unternehmen erkennen und richtig lösen können. Wir erklären Ihnen Schritt für Schritt, wie Unternehmen gestaltet sein müssen, damit Mitarbeiter sich stärker und dauerhaft engagieren.

Eines vorweg: Motivation stellt sich natürlich nicht ein, indem man sie nur laut genug und immer wieder proklamiert, nach dem Motto: Wer täglich Motivation predigt, der wird sie schon bekommen.

Motiviert sind Menschen – von selbst – dann, wenn mehrere Faktoren gut zusammenspielen. Welche das sind und was Sie dazu beitragen können, erfahren Sie auf den folgenden Seiten. Unsere zahlreichen Checklisten und Arbeitsblätter helfen Ihnen das Gelernte gleich in die Tat umzusetzen.

Eine motivierende Lektüre wünschen Ihnen

Rainer Niermeyer
Manuel Seyffert

Die drei größten Irrtümer über Motivation

Fragen Sie einmal Ihre Kollegen, was sie unter Motivation verstehen! Sie werden vermutlich zahlreiche unterschiedliche Antworten erhalten. In diesem Kapitel erfahren Sie die häufigsten Ansichten darüber, was Motivation ist, und warum sie falsch sind.

Motivation wird oft missverstanden

Motivation gehört zu den Begriffen, die sich großer Beliebtheit erfreuen. Motiviert zu sein und andere motivieren zu können – das ist besonders erstrebenswert, denn schließlich gilt Motivation als wichtiger Erfolgsfaktor. Unternehmen wünschen sich Bewerber, die hoch motiviert sind und die Eigeninitiative ergreifen. Selbstverständlich wünscht man sich von ihnen, dass sie als Mitarbeiter ihre Motivation behalten. Von Führungskräften wird erwartet, dass sie nicht nur selbst motiviert sind, sondern auch andere für ihre Arbeit begeistern können.

Wenn so viel Wert auf Motivation gelegt wird, wenn so viel darüber geredet wird, dann muss man sicher eines fragen: Sind wir vielleicht nicht ausreichend motiviert? Und haben wir möglicherweise zu wenig Talent andere zu motivieren?

Die ewige Klage: zu wenig Motivation

Offenbar sind wir nicht motiviert genug – oder zumindest die anderen sind es nicht. Wie oft beklagt man sich in Betrieben darüber, dass die Mitarbeiter zu wenig Engagement zeigen, ihre Aufgaben lustlos abarbeiten, kaum Interesse an zusätzlichen Aktivitäten haben. „Wir brauchen motiviertere Kräfte!", so schallt es aus den Chefetagen.

Doch meist bleibt es bei dieser Forderung, weil man gar nicht so genau weiß, was Motivation ist und wie sie funktioniert. Und damit sind wir bei unserem ersten Thema: den häufigsten Irrtümern über Motivation.

Irrtum Nr. 1: Die einen sind eben motiviert, die anderen nicht

Manche meinen, Motivation sei eine Eigenschaft wie Sparsamkeit, handwerkliches Geschick oder Musikalität. Einige Mitmenschen hätten eine ordentliche Portion davon abbekommen, während andere einfach zu kurz gekommen seien. Und da man überzeugt ist, dass Motivation eine Sache der Persönlichkeit ist, glaubt man an diesem Umstand auch nichts ändern zu können.

Wie es wirklich ist

Motivation ist keine Eigenschaft. Um das festzustellen, muss man seine Kollegen einfach einmal ganzheitlich betrachten, also nicht nur am Arbeitsplatz, sondern auch als Privatperson. Sie werden schnell feststellen, dass jeder Bereiche hat, in denen er sich engagiert. Wenn es nicht die Arbeit ist, dann etwas anderes, z. B. der Judo-Club, der eigene Garten oder der lang ersehnte Nachwuchs. Am Charakter kann es also nicht allein liegen, wenn jemand im Betrieb nicht die gewünschte Motivation zeigt.

Irrtum Nr. 2: Motivation ist Manipulation

Vertreter dieser Ansicht glauben, dass Motivation das schönere Wort für Manipulation ist. Führungskräfte müssten nur ein paar Tricks kennen und anwenden, dann würden die Mitarbeiter schon „spuren".

Wie es wirklich ist

Motivation hat nicht zwangsläufig etwas mit Manipulation zu tun. Im Gegenteil. Motivation lässt sich nur dann erreichen, wenn in Beziehungen Fairness und Glaubwürdigkeit dominieren. Dabei hat das Verhalten der Führungskraft unbestritten großen Einfluss auf die Motivation der Mitarbeiter, jedoch liegt der Schlüssel zum Erfolg nicht in irgendwelchen Tricks. Der Chef hat vielmehr dafür zu sorgen, dass sich Mitarbeiter entwickeln können und ideale Rahmenbedingungen im Unternehmen vorfinden.

Irrtum Nr. 3: Nichts motiviert besser als Geld

Manche sind überzeugt, dass Geld der wahre Grund für Motivation ist. Der Lohn muss nur stimmen und schon laufen die Mitarbeiter auf Hochtouren. Geld macht müde Geister munter und fleißige, aufstrebende Mitarbeiter werden noch quirliger, wenn man mit einer Gehaltserhöhung lockt. Kurz gesagt: Wer motivierte Mitarbeiter will, muss immer mit Geldscheinen wedeln.

Wie es wirklich ist

Zwar reagieren Mitarbeiter äußerst verärgert, wenn sie erfahren, dass andere Unternehmen ihre Leistung deutlich besser honorieren würden. Aber an nichts gewöhnt man sich so schnell wie an ein gutes Gehalt.

Wie funktioniert Motivation?

Motivation ist keine Eigenschaft des Menschen. Motivation ist kein Zauberwort und kein unbegreifliches Phänomen. Wir zeigen Ihnen: Ob wir uns Ziele setzen und diese erreichen, ist abhängig von verschiedenen Faktoren, die unsere Motivation und die Erfolgswahrscheinlichkeit beeinflussen.

Motivation ist das Ergebnis eines Prozesses

Viele meinen, „Motivation" sei eine originäre menschliche Eigenschaft. Ein Charakterzug, der uns in die Wiege gelegt wird und unterschiedlich stark ausgeprägt ist. Doch das stimmt nicht. Zu oft beobachten wir, dass Menschen im Beruf auf gut bezahlten Positionen „Dienst nach Vorschrift" leisten, um in der Freizeit unentgeltlich und mit großem Engagement scheinbar weniger wichtige Ziele mit viel Biss zu verfolgen. Dieselbe Beobachtung entkräftet auch die Annahme, dass man Menschen im Job primär durch Geld dazu bringen könne, sich zu engagieren.

Viele Faktoren wirken auf unsere Motivation ein

Motivation ist keine Eigenschaft, sondern das Ergebnis eines Prozesses. Wäre sie eine Eigenschaft, so gäbe es für uns lebenslang nur einen einzigen Motivations-Zustand, der nahezu unveränderlich gegeben ist. Wir alle wissen jedoch aus eigener Erfahrung, dass unsere Motivation starken Schwankungen unterliegt. Verantwortlich dafür sind verschiedene Faktoren, die unsere Motivation unterschiedlich stark beeinflussen. Diese Faktoren sind außerdem miteinander vernetzt.

Hinzu kommt eine zeitliche Komponente. Die gegenwärtigen Zustände können unsere zukünftige Motivation beeinflussen.

Machen wir beispielsweise heute die Erfahrung, dass sich Anstrengung lohnt, dann wird auch unsere zukünftige Leistungsbereitschaft steigen. Aus dieser gegenseitigen Abhängigkeit und der zeitlichen Vernetzung der Faktoren lässt sich schließen, dass die augenblickliche Stärke der Motivation das Ergebnis eines Prozesses ist.

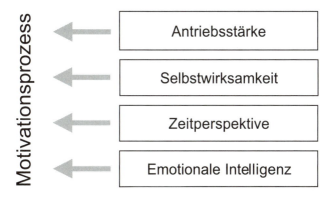

Motivation ist keine Eigenschaft des Menschen, sondern das Ergebnis eines komplexen Prozesses.

Das Ergebnis dieses Motivationsprozesses wird von verschiedenen Einflussfaktoren bestimmt. Dazu gehören:

- Antriebsstärke: Sie ist unsere innere Triebfeder, die – abhängig von unserer Anspannung bzw. Entspannung – stärker oder schwächer sein kann.
- Selbstwirksamkeit: Das ist die unterschiedlich stark ausgeprägte Überzeugung, das eigene Leben nach eigenem Ermessen gestalten und leben zu können.

- Die psychologische Zeitperspektive: Sie bestimmt darüber, welche Ziele je nach Lebensphase, Erziehung etc. für den Einzelnen eine mehr oder weniger starke Bedeutung bekommen können.
- Unsere Emotionen: Sie können uns als „internal consultants" bei der Entscheidungsfindung beraten.

Alle diese Faktoren sind eingebettet in ein Gefüge aus eigener Willensstärke, vorhandenen Kompetenzen und geeigneten Bedingungen. Erst dieses Gefüge entscheidet über Erfolg oder Misserfolg.

Allgemeine und spezifische Motivation

Der eine brennt mit der Kraft eines Teelichtes, ein anderer mit der eines Bunsenbrenners. Anders ausgedrückt: Es gibt Menschen, die eine extrem große Antriebskraft besitzen und viele Dinge gleichzeitig betreiben, während andere sich mit einer gewissen Gleichmütigkeit nur zu wenig aufraffen können. Offenbar gibt es große Unterschiede in punkto Selbstmotivation.

Eines ist jedoch sicher: In jedem Menschen gibt es ein gewisses Maß an Motivation. Für jeden von uns gibt es bestimmte Themen, Wünsche und Ziele, die motivierend wirken. Wir sprechen in diesem Zusammenhang von der allgemeinen Motivation.

> ■ *Als allgemeine Motivation bezeichnen wir den Wunsch etwas zu gestalten, etwas zu erreichen und zu bewirken. Dieser Wunsch ist, wenn auch unterschiedlich stark ausgeprägt, grundsätzlich in jedem Menschen vorhanden.* ■

Ihre spezifische Motivation ist entscheidend

Von dieser allgemeinen Motivation nicht unabhängig, aber doch zu unterscheiden, gibt es eine spezifische Motivation. Diese bezieht sich auf ganz konkrete Zielsetzungen und Situationen.

Beispiel
Herr Langendorf macht in der Firma Dienst nach Vorschrift. Seine Arbeit erledigt er zwar ordentlich, aber lustlos. Jeden Tag verlässt er pünktlich um 17.00 Uhr seinen Arbeitsplatz. Sucht sein Chef einmal einen Mitarbeiter für eine besondere Aufgabe, winkt Herr Langendorf stets ab. Er hat doch wirklich schon genug zu tun! Der von seiner Arbeit gelangweilte Langendorf hat allerdings ein Hobby, für das er durchaus viel Zeit investiert: nämlich seinen Schrebergarten-Verein. Dort hat er mit großer Begeisterung die Aufgabe übernommen die Vereinssatzung zu formulieren.

Die Ausprägung der allgemeinen Motivation, also die Frage, ob es sich um ein „Teelicht" oder einen „Bunsenbrenner" handelt, lässt sich also gar nicht so einfach beantworten. Anders ist das bei der spezifischen Motivation.

> ■ *Die spezifische Motivation ist der Grund dafür, dass ein Mensch sich für ein bestimmtes Ziel engagiert. Sie entspringt der subjektiven Bedeutung, die das Ziel für die Person hat und entscheidet über Ausdauer und Energieeinsatz bei der Zielverfolgung.* ■

Die Frage muss also lauten: Wie stark fällt bei einem Menschen die spezifische Motivation aus? Denn sie ist der entscheidende Faktor, sich z.B. für berufliche Aufgaben zu engagieren. Welche Bedingungen müssen gegeben sein, damit Menschen die spezifische Motivation in dem Unternehmen, in dem sie tätig sind, „ausleben"?

Bedingungen der spezifischen Motivation

Anspannung und Entspannung im Gleichgewicht

Material, das unter einer ständigen Anspannung steht, wird müde und brüchig, bis es irgendwann einmal versagt. Die Zeit, die ein bestimmtes Material einer Spannung widerstehen kann, ist zeitlich begrenzt.

Demgegenüber haben wir als Menschen einen wunderbaren Vorteil: Wir sind regenerationsfähig. Nach starker Belastung und anschließender Regeneration können wir sogar stärker sein als zuvor. Sportliche Höchstleistungen zeigen uns: Schier unglaubliche Anspannungsphasen können Menschen bei bester Gesundheit überstehen und in der nächsten Saison noch bessere Leistungen erzielen. Doch das gelingt eben nur, wenn genügend Entspannung und Regeneration möglich sind.

Anspannung

Entspannung

Die gesunde Bilanz aus Anspannung und Entspannung ist es, die uns physische und psychische Energie zur Verfügung stellt. Diese Bilanz zu erreichen ist trainierbar, so dass wir zunehmend mehr Energie produzieren können.

> ■ *Wie stark Sie sich für etwas engagieren, hängt also von zwei Dingen ab: Ihrer spezifischen Motivation, die Sie für ein Ziel investieren, und dem aktuellen Energie-Level, das Sie psychisch und physisch aufbringen können, um Ihr Ziel zu verfolgen.* ■

Unverzichtbar: Der Glaube an die eigene Kraft

Wir engagieren uns nur dann, wenn es sich lohnt. Wenn wir durch unser Tun etwas bewegen können. Wir sprechen in diesem Zusammenhang vom Prinzip der Selbstwirksamkeit. Das heißt: Jeder Mensch ist mehr oder weniger stark davon überzeugt, die ihn umgebenden Dinge so beeinflussen zu können, dass die von ihm erwünschten Resultate und Ergebnisse eintreten.

Angenommen, es gäbe eine Skala der wahrgenommenen Selbstwirksamkeit, dann würden wir an ihren Enden zwei Extremansichten finden. Diese sind vergleichbar mit zwei unterschiedlichen Weltbildern, die wir in folgende Hypothesen fassen können:

Hypothese 1: Die Verhältnisse beeinflussen mich

Menschen, die diese Hypothese verfolgen, glauben nicht, dass ihre eigenen Handlungen etwas bewirken. Vielmehr glauben sie an vorbestimmte Wege und ein gegebenes Schicksal. Durch eigenes Zutun lässt es sich nicht ändern.

Hypothese 2: Ich mache die Verhältnisse

Menschen mit dieser Grundannahme meinen, dass alles durch den Einzelnen zu beeinflussen ist. Es steht nicht zur Frage, ob etwas zu beeinflussen ist, sondern lediglich das Wie bestimmt über Erfolg oder Misserfolg.

Ausprägungsvarianten der Selbstwirksamkeit

Zwischen den beiden Hypothesen der Selbstwirksamkeit liegt eine Skala, auf der jeder seinen eigenen Standort hat.

Menschen, die den beschriebenen Extremen entsprechen, wird man kaum antreffen. Bei den meisten vermischen sich beide Ansichten. Jeder Mensch ist auf der Skala der Selbstwirksamkeit individuell positioniert.

Der Entscheidungsprozess sich zu engagieren

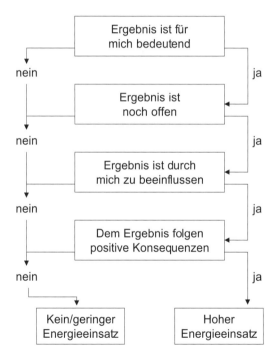

Selbstwirksamkeit für sich wahrzunehmen bedeutet auch den dritten Schritt mit „Ja" zu beantworten.

Je weiter sich jemand Hypothese 2 annähert, desto häufiger wird er in bestimmten Situationen die Entscheidung treffen, Energie in eine bestimmte Zielerreichung zu investieren. Dabei läuft ein Entscheidungsprozess ab. Es kommt zu einem Entschluss für oder gegen eigenes Engagement.

Die Frage, die Sie sich stellen sollten, lautet: Wie fest sind Sie davon überzeugt, durch Ihre eigenen Handlungen Dinge so gestalten zu können, dass sie sich in Ihrem Sinne entwickeln?

■ *Erfolgreiche Menschen glauben fest an Ihre Kraft Dinge beeinflussen zu können. Sie sind davon überzeugt, selbstwirksam zu sein.* ■

Kopf und Bauch müssen dasselbe wollen

Emotionen spielen beim Thema Motivation eine große Rolle. Stellen Sie sich vor, Sie müssten ständig gegen Ihre Gefühle handeln. Es würde Sie zutiefst demotivieren! Umgekehrt wirkt es beflügelnd, wenn Sie in Übereinstimmung mit Ihren Emotionen handeln. Die vielfach gesuchte Trennung (hier der Verstand – dort das Gefühl) kann auf Dauer nicht zufrieden stellen. Erst das Zusammenspiel von Ratio und Emotionen machen ein erfolgreiches Agieren in der Umwelt möglich.

Emotionale Intelligenz als Erfolgsfaktor

Früher ging man davon aus, dass nur analytische Brillanz, betriebswirtschaftliche Kompetenz, Konzeptionsstärke und eine hohe allgemeine Intelligenz ein Unternehmen in die Rentabilität führen. Jüngere Untersuchungen belegen, dass eher zwischen *emotionaler* Intelligenz und Erfolg ein Zusammenhang besteht.

Emotionen werden in dem inzwischen allgemein anerkannten Ansatz zur „Emotionalen Intelligenz" als wichtige Ratgeber bei Entscheidungen bewertet. Achten wir auf die Botschaften eigener und fremder Gefühle, werden Entscheidungen und Aktionen für uns selbst stimmiger und langfristiger erfolgreich.

In der Grafik wird deutlich, welche Wahrnehmungen, Reflexionen und auch Fähigkeiten der emotionalen Intelligenz zugeschrieben werden.

Die Komponenten emotionaler Intelligenz

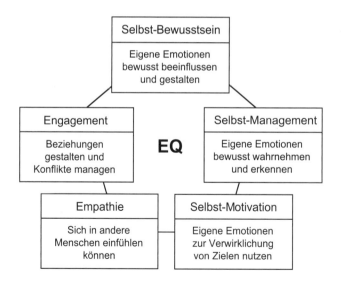

Die Zeitperspektive – ein Motiv für Zielsetzungen

Abhängig von unserem Alter, bestimmten Erfahrungen, aber auch von unserer Erziehung und anderen Einflussfaktoren neigen wir dazu, bestimmte Abschnitte unseres Lebens stärker als andere zu fokussieren.

- Vergangenheitsorientierte Menschen blicken häufig zurück. Gegenwärtiges und zu Erwartendes wird stets an vergangenen Maßstäben gemessen. Diese Menschen sind oft nicht zufrieden, denn an der Messlatte „damals" wird vieles Heutige scheitern. Somit haben stark vergangenheitsorientierte Menschen wenig Anlass, sich Ziele zu stecken.

- Gegenwartsorientierte Menschen sind in der Regel zufrieden und machen sich keine Sorgen um die Zukunft. Sie sind bemüht, die Tag für Tag auf sie zukommenden Anforderungen zu lösen. Ihnen fällt es nicht leicht, auf die Erfüllung von Wünschen länger zu warten. Darum formulieren sie ihre Wünsche und Ziele so, dass diese relativ leicht zu erfüllen sind.

- Zukunftsorientierte Menschen nehmen Entbehrungen auf sich, um längerfristige Ziele zu verfolgen. Sie praktizieren einen „Belohnungsaufschub" – sie gehen davon aus, dass die künftigen Früchte für das heutige Tun die Mühe wert sind, die sie heute investieren.

Jeder verfügt über unterschiedliche Zeitperspektiven

Es ist jedoch keinesfalls so, dass Zukunftsorientierung mit Strebsamkeit, Gegenwartsorientierung mit Genussbetonung und Vergangenheitsorientierung mit Depression gleichzusetzen ist. Denn auch hier gilt, dass ein Mensch in unterschiedlichen Lebensbereichen verschiedene Zeitperspektiven einnimmt. Das heißt: Jeder Mensch trägt in sich alle drei Zeitperspektiven und aktualisiert sie zu unterschiedlichen Zeiten.

So kann jemand privat feste Zukunftspläne haben (bezüglich Kinderzahl, Lebensort etc.), während berufliche Dinge eher dem Selbstlauf überlassen werden („Mal sehen was kommt") – oder eben genau anders herum. Entscheidend ist auch hier, für welchen Lebensbereich welche Zeitperspektive eingenommen wird. Unsere psychologische Zeitperspektive ist also dafür verantwortlich, ob und wie langfristig wir uns Ziele setzen.

Fähigkeiten brauchen Raum zur Entfaltung

Ohne Frage ist Motivation ein wesentlicher Faktor auf dem Weg zum Erfolg. Aber Vorsicht! Erfolge haben auch andere „Väter" als die bloße Willenskraft. Enttäuschungen und ungerechtfertigte Selbstvorwürfe sind vorprogrammiert, wenn man jegliche Zielerreichung als lediglich von der Willensstärke abhängig beschreibt.

Ob Sie Erfolge erzielen, hängt nicht von der Motivation allein, sondern von Ihren Fähigkeiten und Kompetenzen ab. Und drittens ist auch die Umgebung von Bedeutung, in der Sie agieren. Sie können hier natürlich selbst einiges beeinflussen, aber der Rahmen sollte doch so gefasst sein, dass Sie sich entfalten können.

Reinhard K. Sprenger nannte diese drei Säulen des Erfolges treffend „Wollen", „Können" und „Dürfen".

Selbstmotivierte Willenskraft

Die erste Säule des Erfolges ist die Fähigkeit, sich selbst zu motivieren, die eigene Willenskraft auf attraktive und herausfordernde Ziele zu fokussieren und sich auf diesem Wege immer wieder selbst anzufeuern.

Das heißt, jeder Einzelne ist dafür verantwortlich, sich selbst zu motivieren.

Fähigkeiten und Kompetenzen

Um ein Ziel verfolgen und erreichen zu können, bedarf es in der Regel auch bestimmter Kenntnisse und Kompetenzen, da die reine Willenskraft uns nicht befähigt, Probleme zu bewältigen und Lösungen zu finden. Ein gewisses Talent ist die Voraussetzung für Höchstleistungen.

> ■ *Jeder Einzelne ist dafür verantwortlich, sich selbst um die Entwicklung der eigenen Fähigkeiten und Kompetenzen zu kümmern.* ■

Bedingungsumfeld

Die dritte Säule ist das Bedingungsumfeld. Denn nicht in jeder Situation gelingt es uns, trotz Willensstärke und Fähigkeiten, alle unsere Zielsetzungen zu erreichen. Immer wird auch das Umfeld dazu beitragen, dass ein Ziel erreicht werden kann oder nicht.

Manche Unternehmen sind so gestaltet, dass sich Mitarbeiter ausgezeichnet entfalten können; in anderen Firmen hingegen hat der Mitarbeiter gar keine Möglichkeiten sich stärker zu engagieren.

> ■ *Jeder Einzelne ist dafür verantwortlich, das Umfeld entweder positiv zu beeinflussen oder „Spielfelder" mit günstigeren Spielregeln zu finden, die die eigene Zielerreichung wahrscheinlicher machen.* ■

Checkliste: Verfügen Sie über die richtige Erfolgsmischung?

Wir stellen Ihnen abschließend einige Fragen, mit deren Hilfe Sie herausfinden können, ob Sie über die wesentlichen Erfolgsstandbeine verfügen. Notieren Sie Ihre Antworten und schauen Sie sich dann das Ergebnis an.

Erfolgsfaktor	Frage
Spezifische Motivation	– Haben Sie ganz konkrete Ziele, die Sie hartnäckig verfolgen? – Welche Ziele sind das?
Selbstwirksamkeit	– Glauben Sie, dass Sie etwas bewegen können? – Wie stark schätzen Sie Ihren Einfluss ein Ihr Ziel zu erreichen?
Emotionale Intelligenz	– Wie viel sagen Ihnen Ihre Gefühle? – Ist das Ziel erreichbar? – Gibt es Zweifel, Ängste, Bedenken in Ihnen? Sind Sie positiv gestimmt? Vermischen sich verschiedene Gefühle? – Was könnte das für Sie und die Erreichung Ihres Zieles bedeuten?
Anspannung und Entspannung	– Achten Sie darauf, dass sich Anspannung und Regeneration die Balance halten? – Fühlen Sie sich angemessen belastet oder manchmal ausgebrannt?
Fähigkeiten und Kompetenzen	– Über welche Kenntnisse und Fähigkeiten verfügen Sie, die für die Zielerreichung nötig sind? – Müssen Sie sich in bestimmten Bereichen noch weiterentwickeln? Was können Sie dafür konkret tun?
Berufliches Umfeld	– Ist die Umgebung so gestaltet, dass Sie sich entfalten können? – Wenn nicht, was könnten Sie ändern? – Wäre gegebenenfalls eine neue Stelle eine Lösung?

Wege zum persönlichen Erfolg

Sie sagen, graue Theorie? Beginnen Sie bei sich selbst mit der Umsetzung! In diesem Kapitel geben wir Ihnen praktische Anleitungen, wie Sie sich konstruktiv mit Ihrer eigenen Person auseinander setzen – die ersten Schritte zur Verwirklichung Ihrer Visionen und Ziele.

Ihr Lebenskonzept, Ihre Handlungsfelder und Ziele

> Wenn das Leben keine Vision hat, nach der man strebt, nach der man sich verzehrt, die man verwirklichen möchte, dann gibt es auch kein Motiv sich anzustrengen.
> *Erich Fromm*

Visionen sind für uns Wegweiser und Ansporn zugleich. Sie geben unserem Tun erst einen Sinn. „Träumen" bedeutet in diesem Falle nicht der Realität zu entfliehen. Träumen heißt, bezogen auf die eigene Zukunft, eine Vision auszumalen, die herausfordernd und realistisch zugleich ist. Es bedeutet zu erkennen, welche Ziele wir verfolgen wollen und warum diese Ziele so bedeutsam für uns sind.

Welche Visionen haben Sie?

Entdecken Sie auf den folgenden Seiten, was Sie motiviert und anspornt, was für Sie persönlich erstrebenswerte Ziele sind. Für jeden Menschen gibt es die Möglichkeit sich selbst zu motivieren – wenn er nur weiß wofür. Eine klare Zielsetzung ist also der erste Schritt im Prozess der Selbstmotivierung.

Für diesen Schritt der Zielsetzung sollte man sich wirklich Zeit nehmen. Bildlich gesprochen: Bevor man losläuft, um ein Ziel zu erreichen, muss man sich bewusst in die Richtung des Ziels drehen. Rings um uns herum gibt es unendlich viele Ziele, zwischen denen wir wählen können. Und diese Wahl muss zuerst getroffen werden. Nicht das Erste, was ins Auge fällt, gilt es als Ziel festzulegen. Sondern das, was wir wirklich wollen. Wir helfen Ihnen dabei herauszufinden, was das ist.

Beschreiben Sie Ihr persönliches Lebenskonzept

Wir alle tragen in uns ganz bestimmte Vorstellungen davon, wie wir unser Leben gestalten wollen. Schon frühzeitig vermischen sich Ideale, Werte und Träume miteinander und es entsteht das Bild von einem idealen Leben. Als Kind wollen wir Feuerwehrmann werden. Das zeigt, welche Wertvorstellungen uns in diesem Alter beeinflussen. Wir verbinden damit Anerkennung anderer Menschen, die Fähigkeit helfen zu können, Mut etc.

Nun bleibt es nicht beim Feuerwehrmann. Das Bild wird umso differenzierter, je mehr Einflüssen wir in unserem Leben ausgesetzt sind, welche Wünsche in uns neu entstehen, welche neuen Ideale in unser Leben treten.

Jeder von uns kann dieses Bild von einem eigenen Lebenskonzept zeichnen. Gerade erfolgreiche Menschen können oft sehr genau ihr eigenes Lebenskonzept beschreiben.

Erfolg ist nicht per se definierbar. Für jeden von uns bedeutet es etwas anderes erfolgreich zu sein (auch wenn natürlich gesellschaftliche Normen das Erfolgsverständnis der meisten Menschen wesentlich mitbestimmen).

> ■ *Persönlichen Erfolg zu haben, heißt, das eigene Lebenskonzept zu kennen und zu realisieren.* ■

Was zeichnet das persönliche Lebenskonzept aus?

- Es entspringt den persönlichen Motiven – dem individuellen System aus Wünschen, Träumen und Visionen.

- Es zeichnet ein Bild davon, wie die individuellen Motive im Leben Gestalt annehmen, also in welchen greifbaren und erlebbaren Dingen man diese Motive realisieren will.
- Es ist Wegweiser für die Ausrichtung eigener Handlungspläne.
- Es ist der Maßstab, an dem das eigene Tun persönlich überprüft werden kann.

Beispiel
Ein 28-jähriger Handwerksmeister beschreibt seinen Lebenstraum mit folgenden Worten: „Meine Arbeit macht mir heute schon großen Spaß. Ich verdiene genügend Geld, um mir kleinere Wünsche zu erfüllen. Aber ich möchte bald wirklich unabhängig sein. Dazu will ich mich demnächst selbstständig machen und mich auf eine meiner Fähigkeiten besonders spezialisieren. Ich weiß, dass ich damit erfolgreich sein kann, denn ich habe schon mit potenziellen Kunden gesprochen, die mich darin bestärkt haben. Für meine Familie werde ich zunächst weniger Zeit haben, aber bereits mittelfristig kann ich ihnen ein schöneres Zuhause bieten. Das bereits gekaufte Grundstück wird endlich bebaut. Ich sehe heute schon, wie meine kleine Tochter hinten im Garten mit dem Hund spielt. Dort werden wir auch mit unseren Freunden zusammensitzen. Ich werden endlich die Gelegenheit haben Sport zu treiben und meinem Hobby nachzugehen. Dieses Bild vor meinem inneren Auge sagt mir: Es lohnt sich."

Der junge Mann in unserem Beispiel macht es vor: Er scheut sich nicht, seinen Traum klar zu beschreiben. Sein Traum umfasst verschiedene Lebensbereiche, nämlich die berufliche Entwicklung, die Familie und sein soziales Netzwerk sowie ganz persönliche Wünsche.

Viele Entscheidungen können viel leichter getroffen werden, wenn wir unser eigenes Lebenskonzept kennen. Wir müssen es nicht erfinden – wir müssen es nur aus uns „herausholen".

Ihr Lebenskonzept, Ihre Handlungsfelder und Ziele

Arbeitsblatt: Mein Lebenskonzept

Formulieren Sie in fünf bis sechs Sätzen Ihr Lebenskonzept. Beantworten Sie dabei folgende Fragen:

Wie möchte ich leben?

_____
_____
_____

Welchen Stellenwert wird die Arbeit in meinem Leben einnehmen?

_____
_____
_____

Wie können die Rahmenbedingungen meiner künftigen beruflichen Tätigkeit beschrieben werden?

_____
_____
_____

In welche sozialen Netze will ich eingebunden sein?

_____
_____
_____

Ihre Handlungsfelder und Rollen

Als nächstes leiten Sie aus Ihrem Lebenskonzept die relevanten Handlungsfelder ab, in denen Sie wiederum (in der Regel mehrere) Rollen besetzen.

> ■ *Ein Handlungsfeld ist ein bestimmter Lebensbereich, zum Beispiel der Lebensbereich „Familie und Freunde" oder „Beruf". Eine Rolle ist ein bestimmtes Muster, das wir innerhalb eines Lebensbereiches besetzen. Wir alle leben in zahlreichen Rollen.* ■

So wird der Handwerksmeister aus unserem Beispiel seine Rollen im Lebensbereich „Familie und Freunde" z. B. wie folgt auflisten: Freund, Freizeitpartner, Ehemann, Vater, Ratgeber.

Wenn Sie ein Lebenskonzept für sich selbst entworfen haben, in dem sich die wesentlichen Facetten Ihrer Lebensvision wiederfinden, dann werden Sie leicht die für sie selbst bedeutenden Handlungsfelder ableiten können.

Konzentrieren Sie sich auf wichtige Handlungsfelder und Rollen

Sie werden entdecken, dass bestimmte Handlungsfelder sich überlappen, weil die darin eingebetteten Rollen sich mehrfach wiederfinden. So ist an bestimmten Stellen zum Beispiel nicht klar zu entscheiden, ob ein befreundeter Kollege nun Kollege oder Freund ist. Diese Unterscheidung ist auch nicht notwendig.

Wichtig ist, dass Sie entdecken, welche Handlungsfelder insgesamt für Sie von Bedeutung sind und welche Rollen Sie darin ausfüllen *wollen*.

Mögliche Handlungsfelder einer Person

Die Handlungsfelder einer Person: Die Visionen und Träume sind noch nicht überall erfüllt.

Bringen Sie Ihre Handlungsfelder in Übereinstimmung

Natürlich können die relevanten Handlungsfelder nicht alle Ihre Träume und Visionen widerspiegeln. Jedes Handlungsfeld deckt sich zum Teil mit Ihren Visionen, und andere Teile desselben Handlungsfeldes zeigen keine Übereinstimmung mit Ihren Wünschen. So gibt es in Ihrem Job Dinge, die sie mögen, und andere, auf die Sie gut verzichten könnten.

Die erwünschten Dinge überschneiden sich in der Abbildung mit dem grauen Bereich des Lebenskonzeptes. Es gibt jedoch auch Nachteile, die Sie so eigentlich nicht wollen, die aber irgendwie dazu gehören: In der Abbildung sind das die Bereiche, die außerhalb des Lebenskonzeptes liegen, aber zu einem Handlungsfeld gehören.

Wollen wir unser ganz eigenes Lebenskonzept verwirklichen, dann kann dies für uns nur bedeuten:

- alle uns wichtigen Handlungsfelder in Übereinstimmung zu bringen
- und gleichzeitig möglichst viele der unerwünschten „Nebenwirkungen" abzubauen oder sie zumindest nicht so negativ zu sehen.

Bildlich gesprochen geht es also darum, die verschiedenen Kreise so auf das Fünfeck zu legen, dass möglichst wenig Fläche über dessen Begrenzungen hinausragt.

Was würde geschehen, wenn wir es tatsächlich schaffen, die gesamte Fläche des Fünfecks zu bedecken, also unseren Lebenstraum zu erfüllen? Dieser Zustand wäre niemandem zu wünschen. Es würde dann keine Ziele mehr geben, die man verfolgen müsste. Es käme zur Stagnation.

Ihr Lebenskonzept, Ihre Handlungsfelder und Ziele

Der Zielzustand

Alle Aspekte und Ziele der eigenen Vision sind erfüllt; gleichzeitig ein Zustand, der nie eintreten wird – was uns vor Stagnation bewahrt.

Übung: Definieren Sie Ihre Handlungsfelder und Rollen

1 Nehmen Sie ein Blatt Papier zur Hand. Überlegen Sie, welche Handlungsfelder und Rollen Sie für sich selbst sehen. Hierbei müssen Sie noch gar nicht systematisch vorgehen. Schreiben Sie einfach alle Begriffe auf, die Ihnen einfallen.

2 Bringen Sie jetzt Ordnung in die Liste: Welche der von Ihnen aufgeschriebenen Begriffe gehören zum Bereich Handlungsfelder (z. B. „Familie") und welche beziehen sich auf Rollen („Vater")?

3 Füllen Sie jetzt das Arbeitsblatt „Rollen zuordnen" aus. Versuchen Sie die Begriffe so zu ordnen, dass sich alle von Ihnen aufgeführten Rollen in Handlungsfeldern wiederfinden. Wenn es Rollen gibt, die in verschiedenen Handlungsfeldern relevant sind (z. B. „Freund" sowohl in einem beruflichen wie familiären Kontext), so schreiben Sie diese auch zu beiden in Frage kommenden Handlungsfeldern.

4 Gleichen Sie die Liste zum Schluss noch einmal mit Ihrem Konzept ab. Die nun aufgeführten Handlungsfelder und Rollen müssten sich zumindest implizit auch in dem von Ihnen formulierten Lebenskonzept wiederfinden.

Ihr Lebenskonzept, Ihre Handlungsfelder und Ziele

Arbeitsblatt: Rollen zuordnen

Meine Handlungsfelder	Meine Rollen
	– – – – –
	– – – – –
	– – – – –
	– – – – –

Vereinbaren Sie Ziele mit sich selbst

Nur wer Ziele hat, kann motiviert sein. Bei der Vereinbarung von Zielen mit sich selbst haben Sie einen großen Vorteil: Sie können sich auf diejenigen Ziele konzentrieren, die Sie auch tatsächlich verfolgen wollen. Niemand außer Ihnen selbst bestimmt, welche Ziele Sie sich setzen – im Gegensatz zu Zielvereinbarungen zwischen Ihnen und Ihrem Unternehmen.

> ■ *Sie sind natürlich auch selbst dafür verantwortlich, die Zielerreichung zu kontrollieren, sich zu belohnen oder sich selbst neu anzuspornen. Sie benötigen also Selbstdisziplin und die Fähigkeit, sich selbst zu applaudieren.* ■

Sie haben Handlungsfelder für sich selbst beschrieben. Die für Sie relevanten Ziele finden sich nun in den Lebensbereichen wieder.

Rufen Sie sich das Bild zurück, auf dem die Kreise für die Lebensbereiche stehen und das Fünfeck eine Vision in Form eines Lebenskonzeptes symbolisiert. Visualisieren Sie jetzt Ihre Lebensbereiche, um die Verteilung Ihrer Ziele und Ressourcen klar vor Augen zu haben. Auch Überlappungen zwischen Lebensbereichen werden so deutlicher, so dass diese bei der Zielformulierung auch berücksichtigt werden können.

Beachten Sie bei dieser Übung, dass Sie

- genügend Zeit haben,
- ungestört sind,
- sich nicht von aktuellen Besonderheiten in einem bestimmten Bereich zu stark beeinflussen lassen,
- nicht Handlungsbereiche mit Rollen verwechseln.

Übung: Finden Sie Ihre Ziele

1 Nehmen Sie ein Blatt Papier und einen Bleistift.

2 Geben Sie Ihrer Vision eine Figur Ihrer Wahl, z. B. ein Fünfeck.

3 Zeichnen Sie in diese Figur Flächen ein, die Ihre Lebensbereiche symbolisieren. Denken Sie dabei an die Handlungsfelder und Rollen, die Sie bereits definiert haben. Geben Sie den Flächen bewusst unterschiedliche Größen. Sie nehmen also eine Gewichtung vor: Je größer ein Bereich gezeichnet wird, desto wichtiger ist er.

4 Zeichen Sie mit einem Bleistift, damit Sie so lange Veränderungen vornehmen können, bis das Bild für Sie stimmig ist.

5 Zeichnen Sie auch Überlappungen, die Sie für möglich halten bzw. die Sie wahrnehmen.

6 Seien Sie bei der Verteilung der Fläche ehrlich zu sich selbst. Zeichnen Sie selbst und lassen Sie nicht die Erwartungen anderer oder gesellschaftliche Normen für sich zeichnen.

Die so entstandene Grafik ist ein Anhaltspunkt dafür, wie viele Ziele Sie sich setzen sollten. Je mehr Zeit- und Energieeinsatz Sie einem Bereich widmen wollen, desto mehr Ziele können Sie sich in diesem Bereich setzen. Das scheint simpel und ist doch wichtig: Viele Menschen setzen sich zu viele Ziele, und fühlen sich dann überfordert und frustriert. Andere kommen Ihrem Lebenstraum nicht näher, weil sie sich zu wenige Ziele, und diese nicht in allen Lebensbereichen setzen.

Die grafische Darstellung von Lebensbereichen

So können Lebensbereiche gewichtet sein.

Faustregeln für die Zielformulierung

Ausgehend von der Zeichnung können Sie nun festlegen, wie viele Ziele Sie sich stecken wollen. Halten Sie sich bei der Zielformulierung an folgende Regeln:

- Je mehr Zeit und Energie Sie einem Bereich widmen wollen, desto differenziertere Ziele können Sie sich in diesem Bereich stecken.
- Je weiter Sie beim Zeichnen in die Zukunft geschaut haben, desto mehr Ziele können Sie sich insgesamt setzen.
- Achten Sie darauf, dass Sie sich insgesamt nicht zu viele Ziele setzen. Wenn Sie bei der Zeichnung einen Zeitraum von zehn Jahren vor dem geistigen Auge hatten, dann setzen Sie sich zum Beispiel insgesamt maximal zehn Ziele, wobei die endgültige Zahl der Zielsetzungen natürlich nie ganz festgelegt werden kann.

Beispiel
Der Handwerker, den wir bereits kennen gelernt haben, würde seine Ziele für die nächsten fünf bis sieben Jahre etwa so formulieren:
Ziel 1: Ich möchte in drei Jahren meine Selbstständigkeit begonnen haben.
Ziel 2: In fünf bis sieben Jahren will ich in meiner eigenen kleinen Firma einen Umsatz von 100 000 € erreichen.
Ziel 3: Ich möchte spätestens nach dieser Zeit mit meiner Familie im eigenen Zuhause leben.
Ziel 4: In dieser Zeit will ich möglichst viel für meine Gesundheit tun und weiterhin regelmäßig Sport treiben. Mein Ziel ist es einmal einen Halbmarathon zu laufen.
Ziel 5: Um meine Freunde nicht zu vernachlässigen setze ich mir das Ziel, jedes Jahr einmal einen unserer „traditionellen" Kurz-Kletterurlaube zu machen.

Es sind wohl unüberschaubar viele Ziele denkbar, die Menschen sich setzen könnten. Um sich mit Hilfe der eigenen Ziele wirklich selbst motivieren zu können, sollten diese bestimmten Anforderungen genügen.

Checkliste: **Anforderungen an Ziele**

Realistische Formulierung	Setzen Sie sich Ziele, die Sie durch eigene Anstrengungen tatsächlich erreichen können.
Herausfordernde Zielsetzung	Suchen Sie nach Zielen, die Sie selbst für herausfordernd halten.
Attraktivität	Setzen Sie sich Ziele, deren Erreichung für Sie persönlich attraktiv ist. Das Ziel zu erreichen sollte mit angenehmen Konsequenzen verbunden sein.
Messbarkeit	Ziele müssen messbar sein. Messbarkeit wird erreicht, wenn Zielformulierungen Zeiträume und unmissverständliche Zustandsbeschreibungen enthalten.
Persönliche Bedeutsamkeit	Ziele müssen für Sie selbst bedeutend sein. Sie können sich also nur auf einen für Sie relevanten Lebensbereich und eine darin eingebettete Rolle beziehen.

Formulieren Sie nun die für Sie selbst relevanten Ziele. Gehen Sie dabei von Ihren formulierten Lebensbereichen aus und beziehen Sie die Ziele auf die Rollen, die Sie innerhalb dieser Lebensbereiche besetzen.

Halten Sie für jedes Ziel fest, anhand welcher konkreten Größe Sie später objektiv „messen" können, ob das Ziel erreicht wurde.

Arbeitsblatt: Zielformulierung

Meine Rolle	Mein Ziel	Ich habe mein Ziel erreicht, wenn ...

So klappt es mit der Selbstmotivation

Wir alle wissen, wie schwierig es ist, sich selbst immer wieder zu motivieren. Wir stellen Ihnen Techniken vor, die Ihnen helfen werden Ihre Ziele hartnäckig, langfristig und zielstrebig verfolgen zu können.

Das „Commitment pro Ich"

Eine Voraussetzung ist das „Commitment" mit sich selbst, also die bewusste Verpflichtung auf die Zielerreichung hinzuarbeiten. „Commitment" ist eine Selbstverpflichtung für bestimmte Ziele loyal einzutreten, seien es die eines Unternehmens oder auch die eigenen.

- *In hohem Maße committet ist, wer ein tiefes inneres Bedürfnis verspürt, sich einzusetzen, mit der Zielsetzung persönliche Belange verbindet und sich in jedem Falle persönlich dafür verantwortlich fühlt für ein Ziel einzutreten.*

Sie treffen bewusst Entscheidungen

Zu wissen, was wir wollen, verschafft uns klare Entscheidungskriterien. Trotzdem fällt es immer wieder schwer, Entscheidungen zu fällen. Leider wird es sehr häufig geschehen, dass Zielkonflikte auftreten, die Ihnen das Leben schwer machen. Das „Commitment pro Ich" ist hier eine gute Hilfe. Wer sich nämlich ernsthaft verpflichtet hat ein Ziel zu verfolgen, ist gezwungen etwas anderes zu vernachlässigen oder möglicherweise ganz aufzugeben. Wir müssen also eine bewusste Entscheidung treffen.

Ihr Lebenskonzept ist der Maßstab

In Coaching-Situationen und anderen Beratungsgesprächen kommt sehr häufig die Frage auf, anhand welcher Kriterien solche Entscheidungen getroffen werden sollen, die in manchen Fällen tatsächlich grundlegende Veränderungen im Leben auslösen können.

Der Wunsch nach einem Rezept als Entscheidungshilfe ist in solchen Situationen verständlich, kann aber nicht erfüllt werden. Es kann nur ein einziges Kriterium geben: Sie selbst! Ihr Lebenskonzept, Ihre Vorstellungen von der Gestaltung Ihres Lebens sind es, die Ihnen Anhaltspunkte sein können.

Sich entscheiden als Chance

Es gilt also herauszufinden wie die zu treffende Entscheidung Ihre verschiedenen Zielsetzungen beeinflusst. Natürlich werden Sie dabei immer wieder in die Situation geraten, gegen etwas entscheiden zu müssen, was der Erfüllung Ihrer Ziele entgegensteht. Das ist allerdings nichts, was man bedauern müsste.

- Entscheidungen treffen zu können, bedeutet Freiheit. Sich nicht entscheiden zu wollen, bedeutet auf diese Freiheit zu verzichten.
- Es gibt keine Qual der Wahl, sondern lediglich das Privileg wählen zu können.
- Wer sich nicht selbst entscheidet, für den entscheiden andere oder „die Verhältnisse" – und zwar selten im gewünschten Sinne.

Leitfragen in schwierigen Entscheidungssituationen

- Welche Lebensbereiche sind von der Entscheidung betroffen?
- Welchen Nutzen haben die Alternativen?
- Werden diese Vorteile unbedingt eintreten, oder *könnten* diese eintreten?
- Welche „Kosten" und Nachteile sind zu erwarten?
- Sind die Nachteile tatsächlich zu erwarten oder glauben Sie lediglich, dass diese eintreten *könnten*?
- Wie stark sind die unterschiedlichen Lebensbereiche von negativen Auswirkungen betroffen?
- Gibt es Möglichkeiten zur Kompensation, zum Verschieben oder zur Neuformulierung der Ziele in diesem Bereich?
- Stellen Sie sich vor, Sie hätten die Entscheidung getroffen. Wie geht es Ihnen damit? Sind Ihre Emotionen, Ihre internen Berater also, damit „einverstanden"? Wenn nicht, ist ein nochmaliges Überdenken unumgänglich!

Beispiel

Unser Handwerksmeister steht vor der Entscheidung, sich zwischen einer möglichen Selbstständigkeit oder dem Angestelltenverhältnis zu entscheiden. Beide Möglichkeiten haben für ihn Vor- und Nachteile. Er entscheidet sich für die Selbstständigkeit, weil er damit persönliche Freiheit verbindet. Außerdem sieht er die Chance ein besseres Einkommen zu erzielen. Er könnte dann seine Zielsetzung „Ein eigenes Zuhause für die Familie" schneller realisieren. Die damit verbundenen Risiken nimmt er natürlich wahr, entscheidet sich jedoch dafür, diese in Kauf zu nehmen, weil die Zielsetzungen für ihn persönlich sehr attraktiv sind. Er fühlt sich bei dem Gedanken seine Zukunft selbst in die Hand zu nehmen sehr wohl – das heißt, auch seine Emotionen „stimmen zu".

Wie Sie Stärken nutzen und ausbauen

Wir müssen nicht nur sehr motiviert sein, um unser Ziel zu erreichen. Wir müssen auch unsere Fähigkeiten, Kenntnisse und Kompetenzen nutzen.

Um unsere Visionen realisieren zu können, brauchen wir recht unterschiedliche Qualifikationen. Es ist unverzichtbar, diese im Laufe der Zeit weiterzuentwickeln. Über Ihren Erfolg oder Misserfolg entscheidet letztlich, wie stark *Sie* sich *selbst* befähigen können Ihre Ziele aus eigener Kraft zu erreichen. Wie geschieht das am besten?

Das Kienbaum-Kompetenzmodell

Wir verfügen über zahlreiche verschiedene Fähigkeiten und Kompetenzen. Häufig gibt es zwischen diesen Überschneidungen (so geht z. B. „Teamfähigkeit" eng mit „Kommunikationsfähigkeit" einher). Eine klare Abgrenzung und Beschreibung der einzelnen Fähigkeiten und Kompetenzen ist sinnvoll, denn nur so lernt man sein Profil kennen. In der Praxis hat sich das Kienbaum-Kompetenzmodell bewährt, das eine Unterscheidung in vier Kompetenzbereiche vorschlägt:

- Fachkompetenzen: die Fähigkeiten und Kenntnisse, die sich auf die unmittelbare fachliche Bewältigung von Aufgaben beziehen,
- Methodenkompetenzen: die Fähigkeit, in unklaren und Entscheidungssituationen zielführende Lösungen zu erarbeiten bzw. herbeizuführen,

- soziale Kompetenzen: Sie befähigen dazu, in sozialen Situationen (z. B. Verhandlungen oder anderen Gesprächen, in Führungssituationen) erfolgreich zu agieren,
- Motive und Einstellungen: Eher persönlichkeitsspezifische Voraussetzungen, die ganzheitlich den Erfolg positiv beeinflussen können (z. B. Belastbarkeit, Verantwortungsbewusstsein oder auch die Selbstwirksamkeits-Überzeugung).

Die Kompetenzpyramide

Die Kompetenzbereiche des Menschen im Kienbaum-Kompetenzmodell.

Wie Sie Stärken nutzen und ausbauen

Beispiel

Der Handwerksmeister überlegt, was er sich selbst aneignen muss, um seine Zielsetzungen zu erreichen. Da das derzeit wichtigste Ziel die Selbstständigkeit ist, reflektiert er seinen persönlichen Entwicklungsbedarf. Er kommt zu folgendem Ergebnis:

Zielsetzung: „Ich möchte in drei Jahren meine Selbstständigkeit begonnen haben."

Benötigte Kompetenzen	Wege zur Entwicklung
Fachkompetenz: – Grundlagen der Führung eines Handwerksbetriebes (Recht, Sozialversicherung, Vertragsgestaltung, Marktsituation, mögliche Honorare etc.)	– Seminar „Existenzgründung" belegen – Beobachtung anderer Handwerksbetriebe im heutigen Arbeitsumfeld hinsichtlich Werbemaßnahmen, Preise etc
Methodenkompetenzen: – Verhandlungen führen – Konflikte auf Baustellen lösen	– Verstärktes Üben im jetzigen Job, bewusstes Angehen von Konflikten – Mit dem jetzigen Chef über seine Verhandlungen sprechen – Fachliteratur lesen
Soziale Kompetenzen: – Andere von den eigenen Leistungen überzeugen können – Umgang mit Geschäftspartnern, Gesprächsführung in vielfältigen Situationen	– Fachliteratur lesen – Trainings zu Kommunikation und Präsentation besuchen
Motive und Einstellungen: – Durchhaltevermögen und Fähigkeit zur Selbstmotivation, Selbstdisziplin	– Regelmäßiger Austausch mit erfolgreichen, ehemaligen Existenzgründern

Ihre persönlichen Kompetenzen

Jetzt sind Sie an der Reihe: Reflektieren Sie, welche Fähigkeiten Sie benötigen, um Ihre Ziele zu verwirklichen. Nehmen Sie sich dazu das folgende Arbeitsblatt vor. Stellen Sie Ihren Zielen die benötigten Kompetenzen gegenüber.

Arbeitsblatt: Was befähigt mich meine Ziele zu erreichen?

Zielsetzung:	Fachkompetenzen
	Methodenkompetenzen
	Soziale Kompetenzen
	Motive und Einstellungen
Ihr Entwicklungsplan	

Im nächsten Schritt leiten Sie daraus Ihren Entwicklungsplan ab. Sie sind Ihr eigener Personalentwickler, Sie kennen sich selbst und Ihre Ziele am besten – also sind auch Sie derjenige, der am besten weiß, welche Entwicklungswege zu Ihnen passen. Die folgende Übersicht zeigt, welche Methoden zur Entwicklung welcher Kompetenzbereiche geeignet sind.

Es ist klar, dass jeder seine speziellen Interessen hat. Unter den vielen Möglichkeiten, die es gibt, suchen Sie das Passende für sich aus.

Beispiele für Entwicklungsmöglichkeiten

Kompetenzbereich	Auf welchem Wege Sie sich entwickeln können
Fachkompetenzen	Fachliteratur, Learning by Doing, Mentoring-Programme, Computer based trainings
Methodenkompetenzen	Training on the Job, Methodentraining, Job Rotation, Job Enrichment etc.
Soziale Kompetenzen	Verhaltenstraining, Selbstreflexion auf der Verhaltensebene, Feedback-Methoden, Teamentwicklungstrainings, Coaching
Motive und Einstellungen	Coaching, Erfahrungslernen, Selbstreflexionen auf der emotionalen Ebene

Beachten Sie bei der Aufstellung Ihres persönlichen Entwicklungsplans, dass er

- realistisch erreichbar,
- herausfordernd,
- mit attraktiven Belohnungen versehen und
- auf relevante Zielsetzungen bezogen ist, die
- tatsächlich messbar sind.

Machen Sie sich dabei bewusst: Je weiter unten in der Kompetenzpyramide eine spezifische Fähigkeit angesiedelt ist, desto aufwändiger und langfristiger ist die Entwicklung. So sind Fachkenntnisse z. B. durch Fachliteratur zügig zu erlangen, während sich der Aufbau von Sozialkompetenzen über einen längeren Zeitraum erstrecken wird.

> ■ *Ihr Entwicklungsplan ist nicht nur Mittel zum Zweck, sondern auch eine „Landkarte der Meilensteine" bei der Zielverfolgung. Sie können immer wieder leicht überprüfen, wie weit Sie auf Ihrem Weg zum Ziel gekommen sind.* ■

Denken Sie positiv

In den letzten Jahren ist sehr viel über das positive Denken geschrieben und diskutiert worden. Wir meinen, dass positives Denken nicht bedeuten kann, sich die Dinge schönzureden. Dies würde zu nichts führen, außer zu Enttäuschung und Frustration. Denn es wird immer wieder unerfreuliche Dinge oder auch Rückschläge geben und da hilft es nicht die Fakten leugnen zu wollen.

Mit positivem Denken meinen wir eine bestimmte Sicht auf die Welt, nämlich eine offene, aktive und realistische. Positiv zu denken bedeutet für uns, die positiven Vorannahmen zu stärken und negative Vorannahmen abzuschwächen. Vorannahmen sind bestimmte Perspektiven, die man bei der Betrachtung der Welt einnehmen kann. Diese können unsere Wahrnehmung und damit unsere Handlungsfähigkeit sowohl positiv als auch negativ beeinflussen.

Stärken Sie die positiven Vorannahmen

Die uns motivierenden positiven Vorannahmen sind: Sinnhaftigkeit, Optimismus, Energie und Realitätssinn. Nutzen Sie die folgenden Selbstverstärker, um Ihre positiven Vorannahmen zu stärken.

Positive Vorannahme „Sinnhaftigkeit"

Sie sind überzeugt, dass Ihr Handeln einen Sinn hat. Was Sie tun, lohnt sich. Sie haben das große Ganze im Blick, deshalb fällt es Ihnen leicht sich zu motivieren. Sie

- haben langfristige Pläne,
- achten auf die Balance zwischen den Zielen,
- behalten den Überblick über den eigenen Standpunkt und die Richtung Ihrer Aktivitäten,
- haben immer etwas, auf das die Energie ausgerichtet werden kann und
- nutzen eigene Werte und Ziele als Messlatte.

Selbstverstärker:
- „Ich habe Ziele, die ich erreichen werde."
- „Ich weiß, was ich will, und ich weiß, warum ich es will."
- „Mein Handeln und Denken ist an meinen eigenen Werten und Zielen ausgerichtet. Ich kann mir jederzeit in die Augen schauen."

Positive Vorannahme „Optimismus"

- Sie nehmen eine optimistische Grundhaltung ein. Sie glauben daran, dass sich die Dinge durch Ihr Handeln positiv entwickeln werden. Von dieser Vorannahme zeugen:
- Ihr Wille Chancen zu ergreifen,
- ein produktives und konstruktives Denken,
- das offene und vertrauensvolle Zugehen auf andere.

Selbstverstärker:
- „Ich nehme die Welt positiv an und will sie gestalten."
- „Ich vertraue darauf, dass Dinge sich nach meinem Wunsch entwickeln, wenn ich etwas dafür tue."

Positive Vorannahme „Energie"

- Sie fühlen sich aktiv, voller Tatendrang. Sie halten durch auf Ihrem Weg zum Ziel.
- Sie verfügen über eine positive Anspannung und
- wissen, wann und wie Sie sich entspannen müssen.

Selbstverstärker:
- Richtige Ernährung
- Sport
- Balance zwischen Anspannung und Entspannung.

Positive Vorannahme „Realitätssinn"

Sie halten sich an die Fakten und blicken den Dingen ins Auge. Weglaufen oder Schönreden ist nicht Ihre Sache, sondern Sie

- stellen sich den Problemen,
- nehmen Risiken an,
- überdenken Fehler und
- sind ehrlich zu sich selbst.

Selbstverstärker:
- „Nicht alles verläuft wunschgemäß, aber nichts ist unveränderlich."
- „Aus Fehlern kann ich lernen, besser zu werden."

Schwächen Sie die negativen Vorannahmen ab

Wenn klar ist, wo das Ziel ist und wie wir es erreichen wollen, dann müssen wir Hindernisse überwinden, die sich uns in den Weg stellen. Diese Hindernisse sind oft genug wir selbst. Wir werden von starken Selbstzweifeln geplagt, können uns nicht entscheiden oder sind vielleicht einfach zu bequem eine Sache anzupacken.

Schuld daran sind negative Vorannahmen. Das sind Ansichten, die unsere Wahrnehmung so beeinflussen, dass wir uns für einfachere Varianten, Ausweich-Strategien oder reines Abwarten entscheiden. Hier ein paar Tipps, wie Sie die negativen Vorannahmen bewusst abschwächen können.

Negative Vorannahme „Entscheidungsunfreudigkeit"

Sie kennen das: Man schiebt die Problemlösung auf, weil man sich einfach nicht entscheiden will. Man fürchtet

- die falsche Entscheidung zu treffen,
- abgelehnt zu werden, weil andere die Entscheidung nicht befürworten,
- die nicht gewählten Varianten zu verlieren,
- den einzig wahren Weg (den es ja gar nicht gibt) nicht zu finden.

Selbstbeeinflussung:
Halten Sie sich vor Augen, dass eine Entscheidung nicht in Ihrem Sinne getroffen wird, wenn Sie es nicht selber tun.

Negative Vorannahme „Die Comfort-Zone"

Sie sind manchmal vielleicht zu bequem sich um bestimmte Dinge zu kümmern. Das kann viele Gründe haben:

- Gewöhnung,
- die Überzeugung, dass alles im Großen und Ganzen schon in Ordnung ist,

- die Sicherheit, die sich durch Gewöhnung ergibt (denn Unbekanntes bedeutet schließlich Unsicherheit).

Selbstbeeinflussung:

Konzentrieren Sie sich in der aktuellen Situation auf alles, was in Ihrem Leben verbesserungswürdig ist. Verstärken Sie so Ihren „Leidensdruck", um Veränderungen herbeizuführen.

Negative Vorannahme „Die Hurry-Krankheit"

Sie neigen zum Perfektionismus und wollen immer auf Nummer sicher gehen. Sie stehen unter einem unheimlich großen Druck, weil sie alles im Griff haben möchten. Diese Vorannahme zeigt sich daran, dass Sie

- Angst haben, eine Verschnaufpause könnte Schaden anrichten,
- unfähig sind „nichts" zu tun,
- sich selbst als trouble-shooter sehen,
- und den Wunsch haben, stets alles so sicher und perfekt wie möglich zu machen, um gegen jegliche böse Überraschungen gefeit zu sein.

Selbstbeeinflussung:

Schnüren Sie sich längerfristige Arbeitspakete, die Sie in Ruhe abarbeiten können. Spielen Sie nicht den Feuerwehrmann. Gestatten Sie sich auch mal Fehler zu machen, erhöhen Sie also Ihre eigene Fehlertoleranz.

Negative Vorannahme „Abhängigkeitsdenken"

Sie haben Angst vor Veränderungen, denn Sie glauben, das hätte fatale Konsequenzen. Sie sind überzeugt, von Umständen und Personen abhängig zu sein. Sie glauben an

- die Unabänderlichkeit von Abläufen, Prozessen etc.
- den Domino-Effekt: Sie meinen, dass Fehler oder Veränderungen zwangsläufig zur Katastrophe führen müssen, weil alles mit allem verkettet ist,
- die Abhängigkeitsfalle: Ihr Abhängigkeitsdenken macht Sie erst abhängig.

Selbstbeeinflussung:

Überlegen Sie, in welchen Bereichen Sie selbst die Dinge beeinflussen und welche Konsequenzen dies für die Gesamtsituation hat. Suchen Sie nach Ereignissen, bei denen es trotz Veränderungen oder Fehlern nicht zu einer Katastrophe gekommen ist.

Regenerieren Sie sich

Sie selbst wissen am besten, wo Sie Ihre persönliche Leistungsgrenze haben. Überschreiten Sie sie nicht. Es ist kein Zeichen besonderer Zielstrebigkeit, wenn Sie dauerhaft am Limit arbeiten. Im Gegenteil: Nur wenn Sie Ihre Energien bewusst nutzen, können Sie langfristig fit sein für Herausforderungen. Nehmen Sie sich Zeit zur Regeneration, denn nur so können Sie Ihre Leistungsfähigkeit steigern.

Körper und Psyche müssen sich erholen

So gestalten übrigens auch Leistungssportler ihren Trainingsplan: Sie wissen, dass erst die Regeneration nach Anspannungsphasen dafür sorgt, dass Körper und Psyche den neuen, noch höheren Anforderungen gewachsen sind.

Setzen Sie sich Ziele

Möglichkeiten der körperlichen und psychischen Regeneration sind sehr vielfältig und individuell. Nutzen Sie diejenigen Regenerationsformen, von denen Sie wissen, dass Sie selbst davon profitieren können, probieren Sie gelegentlich auch neue und andere aus.

Setzen Sie sich Ziele, z. B. solche, die sich auf die Häufigkeit oder die Intensität beziehen („einmal wöchentlich Sauna", „zweimal wöchentlich 10 km laufen").

Schaffen Sie Ausgleich

Man möge hier „Entspannung" nicht grundsätzlich mit „nichts tun" verwechseln. Der eigentliche Trick ist, nicht „nichts", sondern „etwas anderes" zu tun. Wer also ohnehin viel am Schreibtisch sitzt, wird die körperliche „Entspannung" gerade in der Anspannung, so z. B. im Sport finden.

Dasselbe gilt für die Psyche. Wenn Sie sich geistig entspannen wollen, dann beschäftigen sie sich ab und zu mit Dingen, für die Sie sonst keine Zeit haben: Lesen, Musik, Reisen, Radfahren, Sport.

Es bedarf keiner ausgeklügelten Wellness-Programme. Sie müssen Ihrer Psyche einfach nur etwas Abwechslung bieten. Wenn Sie dann etwas Passendes gefunden haben, dann lassen Sie sich auf keinen Fall dabei stören. Halten Sie sich an bestimmte, von Ihnen selbst aufgestellte Regeln wie z. B. „Handy aussschalten", „Mit anderen Saunagästen nicht über die Arbeit reden". Nur dann werden Sie sich wirklich erholen.

So motivieren Sie andere

Motivation lässt sich nicht einfach erzeugen. Für Führungskräfte heißt dies: Mitarbeiter motivieren – aber wie? In diesem Kapitel erfahren Sie mehr über die Möglichkeiten, ein Umfeld zu schaffen, in dem sich die Motivation Ihrer Mitarbeiter entfalten und verstärken kann.

Welche Rolle Sie als Führungskraft spielen

Oft wird „Mitarbeitermotivation" als eine Hauptaufgabe von Führungskräften beschrieben. Sind Mitarbeiter scheinbar nicht motiviert genug, wird oft ein „Führungsproblem" daraus gemacht. Sicher nur teilweise zu recht. Denn für die Leistungserbringung ist nicht allein die Führungskraft verantwortlich zu machen.

Möglichkeiten und Grenzen der Mitarbeitermotivation

Jeder Mensch entscheidet letztlich selbst, *ob* und *wie* er eine bestimmte Handlung ausführt. Menschen sind keine Marionetten – auch wenn sich das mancher Chef vielleicht manchmal wünscht.

■ *Motivierende Führungsarbeit ist ein Prozess, der Mitarbeiter in Ihrer Energieentfaltung „begleitet" ohne Energie also solche erzeugen zu können.* ■

Die Persönlichkeit ist kaum beeinflussbar

Das Fundament, auf dem erfolgreiche Leistungen erbracht werden können, haben wir bereits beschrieben: Es handelt sich hier um die Gesamtheit der miteinander wechselseitig verbundenen Faktoren Persönlichkeit, Kompetenzen und Handlungsspielraum. Führungskräfte können nun lediglich für das verantwortlich gemacht werden, was sie auch tatsächlich beeinflussen können. Und diese Beeinflussbarkeit gestaltet sich für diese drei Faktoren unterschiedlich stark.

Die Persönlichkeit eines Menschen, aus der auch die allgemeine Leistungsmotivation und die spezifische Motivation für ein bestimmtes Aufgabengebiet entspringen, ist durch andere Personen wenig zu beeinflussen. Jeder Mitarbeiter ist selbst dafür verantwortlich die eigene Motivation einzubringen und seine Leistungsbereitschaft zur Verfügung zu stellen.

Motivation ist in jedem Mitarbeiter grundsätzlich vorhanden, jedoch in unterschiedlichem Maße. Sie erneuert sich immer wieder von selbst. Wie stark sich ein Mitarbeiter für seine Aufgabe einsetzt, hängt sehr stark von seiner Persönlichkeit ab. Diese zu verändern ist jedoch nicht die Aufgabe von Führungskräften.

Das Feld der Kompetenzen bietet Spielraum

Der Bereich der Kompetenzen ist veränderbar und eher zu beeinflussen als die Persönlichkeit. Eine gezielte Entwicklung ist daher die Aufgabe, die von Führungskraft und Mitarbeiter gemeinsam zu bewältigen ist. Einerseits gehört die Bereitstellung von Entwicklungsmöglichkeiten teilweise zur Aufgabe von Unternehmen, andererseits liegt es auch im Verantwortungsbereich des Mitarbeiters selbst für die eigene Entwicklung zu sorgen.

Attraktive Bedingungen schaffen

Der Handlungsspielraum für die Mitarbeiter ist es vor allem, für den Führungskräfte verantwortlich sind. Er muss so gestaltet sein, dass sich die vorhandene Leistungsbereitschaft, die Fähigkeiten und Kompetenzen entfalten können. Führungskräfte haben also dafür zu sorgen, dass motivierende und leistungsfördernde Bedingungen geschaffen werden.

Verantwortungsbereiche von Führungskräften und Mitarbeitern

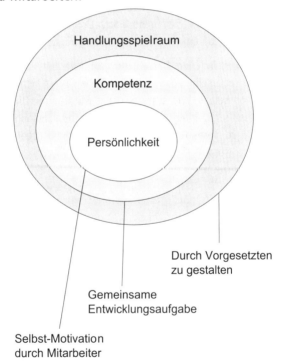

Führungskräfte und Mitarbeiter sind in unterschiedlichem Maße für Selbstmotivation, Kompetenzentwicklung und Handlungsspielraum verantwortlich.

Ihre Aufgaben bei der Mitarbeitermotivation

- Unterstützen Sie die Mitarbeiter dabei Ihre Kompetenzen weiterzuentwickeln.
- Finden Sie gemeinsam mit den Mitarbeitern Ziele, deren Erreichung für beide Seiten attraktiv ist.
- Lassen Sie Mitarbeiter die Erfahrung machen, dass sich der Einsatz von Energie lohnt.
- Sorgen Sie für optimale Arbeitsbedingungen.

Die fünf Komponenten motivierender Führungsarbeit

Formulieren Sie motivierende Ziele

Wir haben darauf hingewiesen, dass es nicht in der Verantwortung von Führungskräften liegt Motivation zu erzeugen. Jedoch sind sie dafür verantwortlich die Mitarbeitermotivation aufrecht zu erhalten.

Eine wesentliche Aufgabe ist daher die Formulierung von Mitarbeiterzielen, die motivierend wirken bzw. die Motivation bewahren und stärken.

Merkmale motivierender Mitarbeiterziele

Mitarbeiterziele müssen also dieselben Merkmale aufweisen, die wir bereits im Kapitel zur Selbstmotivation (siehe Seite 38 ff.) aufgezeigt haben:

- Herausforderung
- Erreichbarkeit
- Relevanz
- Attraktivität
- Messbarkeit

Zielformulierungen für Mitarbeiter motivierend zu gestalten kann nur bedeuten: in einem Dialog zwischen Führungskraft und Mitarbeiter gemeinsam zu erarbeiten, welche Ziele die oben genannten Merkmale aufweisen.

Unternehmensziele stehen im Vordergrund

Die Ziele des eigenen Verantwortungsbereichs müssen dabei unbedingt erreicht werden. Es gilt also zu überlegen, wer welchen Beitrag dazu leisten kann, damit

- die Erreichung der Bereichs- oder Abteilungsziele sicher gewährleistet werden kann,
- niemand über- oder unterfordert wird,
- eine gerechte Verteilung der Arbeitspakete gegeben ist und dabei
- die persönlichen Interessen der Mitarbeiter Berücksichtigung finden.

Ziele nach der Top-Down-Methodik erarbeiten

Sicher ist dies eine Führungsaufgabe, die eine gewisse Zeit der Auseinandersetzung insbesondere mit den Zielsetzungen des eigenen Einflussbereichs voraussetzt. Da sich diese aus den Unternehmenszielen ableiten und Mitarbeiter sich wiederum aus Bereichszielen betrachten lassen, sollte die Erarbeitung der Ziele nach einer Top-down-Methodik erfolgen.

Mitarbeitern lässt sich auf diesem Wege leichter erläutern, warum und auf welche Weise ein spezifisches Ziel einen Beitrag zum Unternehmenserfolg leistet. Gelingt es nicht, ein spezifisches Mitarbeiterziel als Beitrag zum Erfolg von Bereichen oder Unternehmen darzustellen, ist konsequenterweise zu überdenken, ob es wert ist als Ziel aufgestellt zu werden.

Wie Sie zu Mitarbeiterzielen kommen

In der folgenden Tabelle finden Sie ein Beispiel dafür, wie Mitarbeiterziele Schritt für Schritt Top-Down aus Unternehmenszielen abgeleitet werden und wie dabei eine zunehmende Detailtiefe in der Zielformulierung erreicht wird.

Aus Unternehmenszielen werden spezifische Mitarbeiterziele abgeleitet

Ebene	Ziel
Unternehmen	Umsatzsteigerung in den nächsten drei Jahren um 30 %
Bereich Marketing und Vertrieb	Erschließung neuer Märkte zur Absatzsteigerung
Projektteam „e-commerce"	Installation einer e-commerce-Plattform
Webmaster Fred X.	Entwurf des e-commerce-Layout in Anlehnung und Erweiterung des bestehenden Corporate Designs

Für die Vereinbarung individueller Mitarbeiterziele ist es sinnvoll einen Mix aus qualitativ verschiedenen Zielsetzungen zu schaffen. Das ist vor allem deshalb wichtig, weil Sie dann von den rein umsatzorientierten Zielvereinbarungen zu inhaltlich interessanten Fragestellungen kommen. Denn auch ein Unternehmen ist langfristig nicht nur deshalb erfolgreich, weil es einen möglichst hohen Ertrag generiert, sondern weil es kreativ arbeitet, sich an Qualitätsmaßstäben orientiert, Kundenbindungen praktiziert etc.

Top-Down-Ableitung von Mitarbeiterzielen

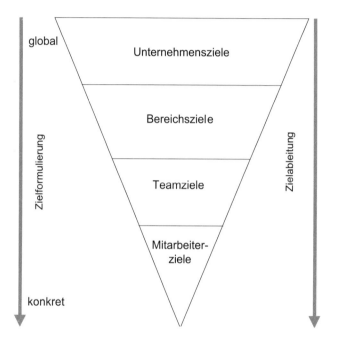

Aus globalen Unternehmenszielen lassen sich Schritt für Schritt konkrete Mitarbeiterziele ableiten.

Welche Ziele gibt es?

Zielvereinbarungen, die Sie mit Mitarbeitern treffen, sollten möglichst unterschiedliche Zielarten enthalten. Die folgende Tabelle bietet Ihnen Anhaltspunkte dafür, welche Zielarten in Frage kommen.

Zielarten	Inhalt (Beispiele)
Erledigungsziele	Termineinhaltung
Operative Ziele	Dokumentation und Administration
Performance-Ziele	Qualitätssteigerung, Steigerung der Quantität
Qualifizierungsziele	Weiterbildung, Erwerb bestimmter Kompetenzen
Projektziele	Aufbau neuer Bereiche, neue Konzeptionen
Ergebnisziele	Umsatz, Profit (soweit in alleiniger Verantwortung)
Persönliche Ziele	Verbesserung des eigenen Zeitmanagements

Wie viele Ziele sind nötig?

Pro Jahr sollten fünf bis sieben individuelle Mitarbeiterziele formuliert werden. Die Anzahl der Zielvereinbarungen ist abhängig von der Qualifikation der Mitarbeiter, der Komplexität des Aufgabenbereiches und den übergeordneten Bereichszielen.

Zeithorizonte im Zielmix

Besonders motivierend wirkt ein Zielmix, in dem kurz-, mittel- und langfristige Zielsetzungen enthalten sind. Der Grund dafür leuchtet ein: kurzfristige Erfolgserlebnisse schenken Selbstvertrauen und spenden die Energie längerfristige Ziele zu verfolgen.

Vermitteln Sie Selbstvertrauen

Ein gesundes Selbstvertrauen wirkt wie ein „Katalysator" bei der Zielerreichung. Der Mitarbeiter entfaltet wirklich seine ganzen Potenziale. Ein Mangel an Selbstvertrauen kann dazu führen, dass er seine Leistungsfähigkeit nicht einbringen kann oder will, z. B. aus Angst Fehler zu machen.

Das Selbstvertrauen der Mitarbeiter zu stärken ist für eine Führungskraft eine äußerst wichtige Aufgabe. Ein mangelndes oder schwaches Selbstvertrauen, das zudem noch bestätigt wird (indem wichtige Aufgaben von anderen gelöst werden), verstärkt sich nämlich. Dann droht ein Teufelskreis, der früher oder später zur inneren und äußeren Kündigung führen kann.

Mehr Leistung durch Vertrauen

Die Führungskraft muss daher einen positiv wirkenden Kreislauf aufbauen, in dem das Vertrauen die treibende Kraft ist. Er soll den Mitarbeiter befähigen Aufgaben erfolgreich zu bewältigen. Dann kann dieser die Erfahrung machen, dass es sich lohnt, die vorhandenen Potenziale einzubringen. Das dadurch zunächst nur ein wenig gesteigerte Selbstvertrauen des Mitarbeiters bildet eine gute Basis, um anschließend ein wenig schwierigere Aufgaben zu delegieren. Auf diese Weise haben Sie als Führungskraft ein nächsthöheres Niveau der Aufgabenbewältigung erreicht. So lässt sich Zug um Zug ein positiv ausgerichteter Kreislauf aufbauen.

Der Vertrauenskreislauf

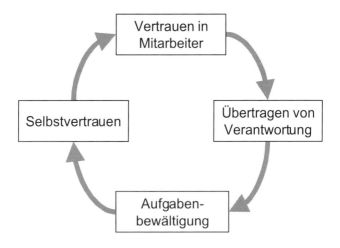

Nur ein Mitarbeiter mit Selbstvertrauen bewältigt herausfordernde Aufgaben.

Voraussetzungen für die Entwicklung von Selbstvertrauen

Berücksichtigen Sie die Potenziale Ihrer Mitarbeiter

Als Führungskraft müssen Sie die Fähigkeiten und Kenntnisse des Mitarbeiters gut kennen. Ist der Mitarbeiter bei seinen Aufgaben überfordert, schafft er es nicht die Aufgaben zu erfüllen, dann wird er mit Frustration reagieren und sich nur schwer motivieren lassen. Mangelndes Selbstvertrauen kann sich so verstärken.

Praktizieren Sie einen situativ variablen Führungsstil

Sie unterweisen den Mitarbeiter in seine Aufgaben, leiten ihn fachlich an und unterstützen ihn bei der eigenen Zielverfolgung. Dann werden Arbeitspakete vollständig delegiert.

Üben Sie eine gewisse Fehlertoleranz

Nur in einer Unternehmenskultur, in der Fehler toleriert und als Chance dazuzulernen gesehen werden, kann sich Potenzial tatsächlich entfalten. Wer nicht mit Fehlern leben kann und harte Strafen androht, muss sich nicht wundern, wenn Mitarbeiter plötzlich gegenüber allen möglichen Aufgaben Vermeidungsstrategien entwickeln und neue Herausforderungen gar nicht mehr annehmen. Es ist nur zu verständlich, wenn sie sich dann auf „sicheres Terrain" zurückziehen wollen.

Gestalten Sie Handlungsspielräume

Viele Führungskräfte fordern von Ihren Mitarbeitern eigenständigeres Handeln. Doch Eigenständigkeit und Selbstverantwortung werden nur dort anzutreffen sein, wo sie tatsächlich erwünscht sind.

In vielen Unternehmen sieht es aber so aus: Führungskräfte beklagen, dass Sie Ihren Mitarbeitern keine Verantwortung übertragen können, weil sie nicht gelernt hätten, eigenständig zu handeln. Diese entgegnen, dass sie erst dann eigenständig handeln können, wenn sie für ihre Aufgaben auch wirklich verantwortlich sind. So hat jeder die passende Antwort darauf, warum sich in Richtung mehr Selbstverantwortung nichts tut.

Nun liegt es an beiden Seiten, insbesondere aber an den Führungskräften, dieses Spiel zu beenden und neue Regeln einzuführen.

Voraussetzungen für selbstverantwortliches Handeln

Wer Selbstverantwortung einfordert, muss Handlungsspielräume gestalten, die bestimmten Anforderungen genügen. Dazu gehören:

- Entscheidungsmöglichkeiten,
- echte Verantwortung ohne Intervention,
- eine fehlertolerante Unternehmenskultur,
- Verantwortung in jedem Falle.

Entscheidungsmöglichkeiten

Nur wenn Sie Ihre Mitarbeiter wirklich relevante Entscheidungen treffen lassen, ist es möglich ihre Selbstverantwortung zu fördern. Denn verständlicherweise wird sich niemand verantwortlich fühlen für Entscheidungen, die er nicht selbst getroffen hat.

> ■ *Beschränken Sie sich als Führungskraft darauf, Ihre Mitarbeiter bei Entscheidungen zu beraten. Es ist nicht Ihre Aufgabe ihnen Entscheidungen abzunehmen.* ■

Keine Scheinverantwortung

Die Entscheidungskompetenz ist am besten an der Stelle angesiedelt, an der die entsprechende Handlungskompetenz vorhanden ist. Mitarbeiter sollen diejenigen Entscheidungen selbst treffen, die sie tatsächlich selber treffen können. Viele Führungskräfte neigen dazu sich Entscheidungen vorzubehalten oder sie noch einmal „abzusegnen". Echte Verantwortung wird sich aber nur dort entfalten, wo Führungskräfte ihren Mitarbeitern tatsächlich zutrauen die richtige Entscheidung zu treffen.

Verantwortung bedeutet aber auch für Entscheidungen einzustehen, die sich später als Fehler erweisen. Ist dies nicht der Fall, kann nur von Schein-Verantwortung gesprochen werden.

Last but not least heißt echte Verantwortung auch für die Erfolge verantwortlich zu sein. Es ist außerordentlich wichtig, dass Sie als Führungskraft Ihrer Anerkennung Ausdruck verleihen, angefangen beim direkten positiven Feedback bis hin zu Vergütungsmöglichkeiten.

Fehlertolerante Unternehmenskultur

Wie gesagt: Fehler sind ärgerlich, aber unvermeidlich. Entscheidend ist, wie Sie in Ihrem Unternehmen damit umgehen. Wer seinen Mitarbeitern Handlungsspielräume eröffnet und Selbstverantwortung einfordert, muss damit rechnen, dass auch Fehler gemacht werden. Das gehört einfach dazu, wenn der Spielraum erkundet wird.

Werden Fehler hart bestraft, dienen Sie als Kanonenfutter bei Mobbingattacken oder werden sie zum unsachlichen Kantinen-Thema gemacht, hören Mitarbeiter sehr schnell auf den Handlungsspielraum auszuloten. Sie investieren dann viel Zeit in den Selbstschutz, d. h. sie tun alles Mögliche, um im Fall des Falles nicht angreifbar zu sein.

Verantwortung in jedem Falle

Neigen Sie dazu die Probleme Ihrer Mitarbeiter zu lösen? Das ist zwar gut gemeint, hat aber negative Folgen. Verantwortung kann sich nicht mehr im gewünschten Maße entwickeln. Sobald einem Mitarbeiter eine Sache zu schwierig wird, gibt er sie an eine höhere Instanz ab, die das Problem dann an sich zieht.

Die so genannte „Chefsache" untergräbt die Selbstverantwortung. Denn dem Mitarbeiter werden Grenzen aufgezeigt, hinter denen die wirklich wichtigen Dinge geschehen. Es ist viel besser den Mitarbeiter anzuleiten, dann aber alleine laufen zu lassen. Machen Sie ihm dabei deutlich, dass er diese und ähnliche Aufgaben in Zukunft eigenständig anpacken sollte. Er wird sich gestärkt fühlen und das nächste Mal ohne Ihre Hilfe auskommen.

Tipps zur Gestaltung von Handlungsspielräumen

- Weiten Sie den Entscheidungsspielraum Ihrer Mitarbeiter aus. Entscheidungskompetenz gehört an den Platz, an dem die Handlungskompetenz angesiedelt ist.
- Machen Sie Ihren Mitarbeitern klar, dass sie in jedem Fall für ihre Entscheidungen verantwortlich sind. Man muss für Erfolge ebenso einstehen wie für Misserfolge.
- Tolerieren Sie Fehler. Gerade bei der Erkundung von neuem Terrain lernen wir mehr aus Fehlern, die wir machen, als aus zufällig richtigem Verhalten.
- Lösen Sie nicht die Probleme Ihrer Mitarbeiter. Beraten Sie, informieren Sie, zeigen Sie verschiedene Perspektiven auf. Überlassen sie die Lösungssuche Ihren Mitarbeitern.

Fördern Sie die Entwicklung Ihrer Mitarbeiter

Leisten Sie einen Beitrag zur persönlichen Entwicklung Ihrer Mitarbeiter. Worauf es dabei ankommt: Sie müssen mit den zu erreichenden Unternehmenszielen persönliche Ziele des Mitarbeiters verknüpfen. Führungskräfte können mit einem wirklichen Commitment rechnen, wenn sie Ziele so formulieren, dass Mitarbeiter Raum bekommen ihre eigene Sache voranzutreiben. Programme zur Kompetenz-Entwicklung sind hier der richtige Weg. Dabei wird eine Schnittmenge zwischen Unternehmens- und Mitarbeiterinteressen gebildet - ein Vorgehen, von dem beide Seiten profitieren.

Führungskräfte sind Coaches

Je mehr die Spezialisierung voranschreitet, desto seltener sind Führungskräfte die besten Fachleute in ihren Abteilungen. Der bessere Spieler zu sein ist schließlich auch nicht die Aufgabe eines Coachs. Als Chef haben Sie die Aufgabe Ihre Mannschaft zu führen und aus jedem „Spieler" das Beste herauszuholen. Konkret heißt das: Sie müssen den Entwicklungsstand Ihrer Mitarbeiter an den gestellten Anforderungen überprüfen und gezielte Maßnahmen zu ihrer Entwicklung vereinbaren.

Fordernd fördern heißt für Führungskräfte Mitarbeiter stets zum nächsten Schritt zu ermutigen. Ein Verharren im aktuellen Entwicklungszustand führt mittelfristig zur Unterforderung, ein zu weites Vorgreifen wird überfordern und Angst auslösen.

Anforderungen und Kompetenzen bei der Delegation

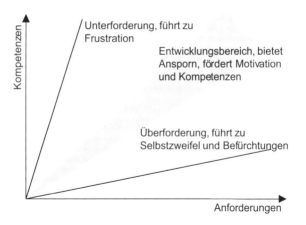

Darum gilt es festzustellen, wo der spezifische Entwicklungsbereich eines Mitarbeiters liegt, also der Bereich, in dem sich Anforderungen und Kompetenzen so die Waage halten, dass kontinuierlich ein kleiner Ausschlag in Richtung der höheren Anforderungen dazu auffordert, die Kompetenzen entsprechend weiterzuentwickeln.

So fördern Sie Mitarbeiterkompetenzen

Stärken Sie die Stärken

Setzen Sie Mitarbeiter entsprechend ihren Stärken ein, geben Sie diesen Raum zur Entfaltung. Weiten Sie dabei Stück für Stück die Entscheidungsfreiheit und die eigenen Verantwortungsbereiche aus. So festigen Sie die Kompetenzen und das Selbstvertrauen.

Vereinbaren Sie Entwicklungsbereiche

Sprechen Sie mit dem Mitarbeiter über die Entwicklungsziele, die Sie selbst sehen und die er anstrebt. Legen Sie gemeinsam fest, welche anspruchsvolleren Aufgaben der Mitarbeiter als Nächstes bearbeiten möchte. Versichern Sie ihm Ihre Unterstützung, aber erklären Sie auch, dass Sie ein grundsätzlich eigenverantwortliches Vorgehen erwarten.

Bleiben Sie gelassen, wenn Fehler passieren

Betrachten Sie Fehler und Rückschläge in dieser Zeit als Lernhilfe, reagieren Sie zügig auf Abweichungen, um ein Verrennen des Mitarbeiters in eine Aufgabe zu vermeiden. Fragen Sie deshalb etwas häufiger als sonst nach dem Stand der Dinge und bieten Sie Ihre Hilfe an, falls der Mitarbeiter Probleme haben sollte.

Geben Sie mehr und mehr Verantwortung ab

Wenn der Mitarbeiter die gestellten Aufgaben erfolgreich bewältigt, überlassen Sie ihm Entscheidungen und treten weitere Verantwortung an den Mitarbeiter ab. Verzichten Sie nach und nach auf häufige Kontrollen und Hilfsangebote.

Suchen Sie rechtzeitig nach neuen Herausforderungen

Sobald bei der Erfüllung der Aufgaben des Mitarbeiters eine gewisse Routine zu erkennen ist, überlegen Sie sich gemeinsam mit ihm neue Entwicklungsziele.

Achten Sie auf Ausgewogenheit

Sorgen Sie dafür, dass der Mitarbeiter stets eine auf ihn abgestimmte Mischung aus routiniert zu erledigenden Aufgaben und neuen Herausforderungen zu bewältigen hat.

Machen Sie erfahrene Mitarbeiter zu Mentoren

Als Mentor kann der auf seinem Spezialgebiet inzwischen sehr erfahrene Mitarbeiter unerfahrene Kollegen anleiten, die in diesem Bereich noch Entwicklungsziele zu verfolgen haben. So delegieren Sie Verantwortung und schaffen neue Herausforderungen.

Achten Sie auf ein gutes Feedback

Jedes Gespräch zwischen Führungskräften und Mitarbeitern beinhaltet Feedback-Komponenten, auch dann wenn es sich scheinbar um eine rein private Unterhaltung handelt.

> ■ *Da jede Begegnung zwischen Mitarbeiter und Führungskraft eine Feedback-Situation darstellt, sind Führungskräfte gehalten, sich stets wie in einer solchen zu verhalten.* ■

Gewöhnlich verstehen wir unter Feedback-Situationen regelmäßige Mitarbeitergespräche, Beurteilungen oder Zielvereinbarungen, bei denen eine Rückmeldung über den aktuellen Leistungsstand oder die Zielerreichung gegeben wird. Aber kennen wir nicht auch Situationen, in denen wir ohne große Vorbereitungen ein Feedback geben?

Pflegen Sie das spontane Feedback

Viele Führungskräfte halten das situative Feedback für kein richtiges Feedback, weil es außerhalb der ritualisierten Führungsinstrumente angesiedelt ist. Doch die tagtägliche Interaktion zwischen Führungskräften und Mitarbeitern ist ein mindestens ebenso wichtiges Steuerungsinstrument. Führungsinstrumente sollen ihre Wirkung schließlich im Alltag entfalten und nicht zur alljährlichen Formularbearbeitung verkommen.

Ihr Urteil hat Gewicht

Mitarbeiter werden die Äußerungen ihrer Führungskräfte stets anders bewerten als die Bemerkungen, die Kollegen machen. Der Grund dafür: Formulierungen von Vorgesetzten werden eher „auf die Goldwaage" gelegt, Interpretationsmöglichkeiten werden fantasievoller genutzt. Missverstandene Signale sorgen für mehr Aufregung, als dies z. B. bei Bemerkungen von Kollegen anderer Abteilungen der Fall wäre. Darum gilt für alle Führungskräfte:

Das tägliche, aber auch das ritualisierte Feedback, ist eine wirksame Möglichkeit von Führungskräften, die Motivation ihrer Mitarbeiter aufrecht zu erhalten bzw. diese in ihrer Motiviertheit zu bestärken.

■ *Die unmittelbar Vorgesetzten und ihre Art der Kommunikation haben den größten Einfluss auf die Motivation von Mitarbeitern. Sie haben für den Mitarbeiter mehr Gewicht als die allgemeine Unternehmenssituation, die Existenz von Führungsinstrumenten oder Zielvereinbarungssystemen.* ■

Geben Sie die Rückmeldung nicht zu spät

Feedback sollte immer zeitnah erfolgen. Insbesondere positives Feedback kann seine motivierende Wirkung am besten entfalten, wenn es unmittelbar nach erbrachten Leistungen erfolgt. Aber auch kritische Rückmeldungen sind umso wirksamer und nachvollziehbarer, wenn sie bei Zeiten kommen.

Die Komponenten des Feedbacks

In Feedback-Situationen sind mehrere Aspekte bedeutsam: Die Wertschätzung des Mitarbeiters als Mensch, die Anerkennung vollbrachter Leistungen und die Rückmeldung über Verbesserungswürdiges. Deshalb sollten Sie bei Ihrem Feedback Folgendes beachten:

Feedback-Komponente	Ihre Aufgaben
Wertschätzung	Vermitteln Sie Ihre allgemeine Wertschätzung auf verbalem und nonverbalem Weg. Führungskräfte müssen die Botschaft der grundsätzlichen Wertschätzung senden, auch unabhängig von konkreten individuellen Stärken und Schwächen.
Anerkennung	Anerkennen Sie bestimmte Leistungen und/oder positiv wahrgenommene Eigenschaften, Fähigkeiten oder Kenntnisse. Diese Anerkennung soll auf konkreten Verhaltensbeobachtungen beruhen, nachvollziehbar und authentisch sein. Heben Sie das beschreibbare Verhalten hervor (also „Die Lösung X beim Kunden Y war besonders kreativ, weil es Ihnen gelungen ist ..." statt eines diffusen „Sie sind kreativ").
Kritik/ Zielabweichung	Anhand konkreter Situationsbeschreibungen thematisieren Sie Verhaltensweisen, die Sie als kritikwürdig und verbesserungsbedürftig betrachten. Auch hier gilt: generalisierendes Vokabular vermeiden, da es Unbelehrbarkeit unterstellen würde (Also: „Es ist Ihnen nicht gelungen, in dem Falle X konsequent zu bleiben, was zu den Konsequenzen Y führte ..." statt einem pauschalen „Sie sind nicht durchsetzungsfähig").

Wichtige Feedbackregeln

- Fragen Sie sich, ob das, was Sie Ihrem Mitarbeiter mitteilen wollen, Ihnen selbst helfen würde.
- Beschreiben Sie Ihre Wahrnehmung als Ihr persönliches Erleben, Ihren Eindruck - nicht als Tatsachen.
- Werten Sie nicht die Person als Ganzes.
- Beziehen Sie sich auf konkrete Situationen.
- Sprechen Sie in einem partnerschaftlichen Ton. Vermeiden Sie typisches „Elternvokabular".
- Vermeiden Sie Allgemeinplätze.
- Vermitteln Sie Anerkennung für erbrachte Leistungen.
- Sprechen Sie in Wünschen und Informationen aus der Ich-Sichtweise heraus.
- Versuchen Sie nicht die Probleme anderer zu lösen, sondern regen Sie eine Lösungssuche an.
- Bedanken Sie sich für das Gespräch und beenden Sie es in jedem Falle ermunternd.

Tipps zur Einschätzung Ihres Feedback-Verhaltens

- Reflektieren Sie über eine Woche hinweg das eigene Feedback-Verhalten gegenüber Ihren Mitarbeitern.
- In welchen Situationen konnten Sie spontan ein Feedback geben? Was ist Ihnen dabei gelungen? Wo entdecken Sie Handlungsfelder für sich selbst?
- In welchen Situationen hätten Sie vielleicht aufmunternd, lobend oder anerkennend agieren können ohne es zu tun? Was hat Sie daran gehindert?

Wie Sie Ihr Unternehmen motivierend gestalten

Unternehmen gestalten bewusst oder unbewusst die Bedingungen, innerhalb derer sich die Motivation des Einzelnen entfalten kann oder nicht. In diesem Kapitel zeigen wir Ihnen die Instrumente, mit denen das Unternehmen positiven Einfluss nehmen kann und wann diese wirksam sind.

Handeln Sie zielorientiert

Zielvereinbarungssysteme gehören zu den Führungsinstrumenten, die sich als sehr motivierend erwiesen haben. Der Grund: Dem Mitarbeiter werden Ziele nicht diktiert, sondern diese gemeinsam mit der Führungskraft fair ausgehandelt. Der Mitarbeiter setzt sich für die Firma ein und weiß, dass er selbst davon profitiert. Durch die Identifikation mit den Zielen ist er in hohem Maße motiviert.

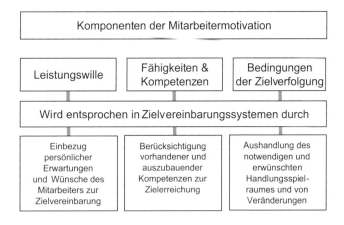

Vorteile von Zielvereinbarungssystemen

Für das Unternehmen	Für den Mitarbeiter
– Transparenz über die Ziel- und Aufgabenverteilung in den Organisationseinheiten – Planvolles Handeln – Offenlegen von Zielkonflikten – Stärkung des Leistungs-, Kosten- und Terminbewusstseins – Förderung der Eigeninitiative – Objektive Leistungsbeurteilung – Konkretisierbarer Weiterbildungsbedarf – Intensivierung der internen Kommunikation – Verbesserte Abstimmung der Bereiche untereinander und mit anderen Bereichen – Performance-orientierte Vergütung findet eine objektive Messlatte zur Bestimmung der variablen Anteile	– Möglichkeit, mit der Führungskraft über Aufgaben, Ziele und Handlungsspielräume zu diskutieren – Mehr Transparenz in punkto Erwartungen an die eigene Person und Zielsetzungen der Firma – Sicherheit durch die fortlaufende Standortbestimmung – Erfolgserlebnisse (durch die Offenlegung von Teilzielerreichungen) – Chance zur Selbstverwirklichung durch die Bewältigung anspruchsvoller Aufgaben – Chance zur Selbstverwirklichung durch die gezielte Kompetenzvermittlung – Mittelfristig selbstständiges Handeln und Selbststeuerung

Anforderungen an Zielvereinbarungen

Es muss Ihnen natürlich gelingen Ziele zu finden, die in der Praxis tatsächlich den erwünschten Effekt zeigen. Ob die Ziele dem Unternehmen nützen und gleichzeitig den Vorstellungen des Mitarbeiters gerecht werden, hängt von zwei Dingen ab. Erstens: wie gut Sie als Führungskraft die Qualifikation eines Mitarbeiters beurteilen können. Zweitens: ob Sie erkennen, welche Zielsetzungen sowohl für den Unternehmensbereich als auch für den Mitarbeiter nutzbringend sein werden.

Zielvereinbarungssysteme berühren, eine professionelle Konstruktion vorausgesetzt, alle drei Säulen der Leistungsbereitschaft: die schon besprochene selbstmotivierte Willenskraft, die zur Zielerreichung benötigten Kompetenzen und Fähigkeiten sowie das Ergebnis beeinflussende Bedingungsumfeld.

Teil der Unternehmenskultur

Wer Zielvereinbarungen aushandelt, muss vor allem das Thema Entwicklung ausreichend berücksichtigen. Sprechen Sie mit Ihrem Mitarbeiter also ausführlich über die benötigten Kompetenzen und Fähigkeiten. Darüber hinaus bringen Sie zum Ausdruck, dass Sie sich für die Gestaltung der Rahmenbedingungen einsetzen werden. Der Mitarbeiter soll bei der Zielverfolgung schließlich nicht sich selbst überlassen bleiben.

Werden diese Gesichtspunkte nicht nur bei der Konstruktion, sondern auch bei der Anwendung von Zielvereinbarungssystemen im betrieblichen Alltag berücksichtigt, eröffnet sich aus der Sicht der Mitarbeitermotivation ein großer Spielraum.

> ■ *Zielvereinbarungssysteme können nur dann Erfolg haben, wenn Sie Teil der Unternehmenskultur sind. Sie sollten unternehmensweit anerkannt werden und Standard für motivierende Führungsarbeit sein.* ■

Worauf Sie achten sollten

Um die Chancen von Zielvereinbarungssystemen nutzen zu können, sollten Sie bei ihrer Erarbeitung und Umsetzung folgende Gesichtspunkte beachten:

- Sichern Sie sich die Unterstützung des Top-Managements. Denn nur bei entsprechendem Support aus der Unternehmensleitung sind die positiven Effekte der Zielvereinbarungen zu erwarten.
- Streben Sie einen Zielmix aus unterschiedlichen Zielarten an. So beugen Sie einer einseitig umsatzorientierten Anwendung des Systems im Unternehmen vor, das die Motivation der Mitarbeiter schwächen könnte.
- Stellen Sie die benötigten Führungskompetenzen sicher. Wenn Sie hier Defizite feststellen, schulen Sie gegebenenfalls die Führungskräfte speziell für die Nutzung des Systems und die Kommunikation in Zielvereinbarungsgesprächen.
- Achten Sie darauf, dass die Handlungsspielräume von Mitarbeitern ausreichend groß sind. Nur so können diese selbstverantwortliche Entscheidungen im Zielverfolgungsprozess fällen. Andernfalls sind die Mitarbeiter nicht für die Zielerreichung verantwortlich, was das Zielvereinbarungssystem ad absurdum führen würde.

Das Formular zur Zielvereinbarung

Wie sieht nun so ein Formular aus, das in Zielvereinbarungssystemen Anwendung findet? Das folgende Beispiel zeigt, dass es genug Raum zur individuellen Gestaltung gibt. Aber täuschen Sie sich nicht. Auch im Umgang mit solchen Systemen muss man Erfahrungen sammeln und Kompetenzen erwerben.

Zielvereinbarung für die Zeit von_____ bis_____	Mitarbeiter: _____ _____	Personalnr.: _____ Abteilung: _____ Datum: _____
Ziel Nr. 1 (z. B. Projektziel)		
Ziel erreicht, wenn:		
Teilaufgaben	Notwendiger Kompetenzaufbau:	Mitwirkung durch Kollegen:
1.		
Hilfestellung durch Vorgesetzten:		
Mögliche Hindernisse:		
Teilzielerreichung bis:		

2.		
Hilfestellung durch Vorgesetzten:		
Mögliche Hindernisse:		
Teilzielerreichung bis:		
3.		
Hilfestellung durch Vorgesetzten:		
Mögliche Hindernisse:		
Teilzielerreichung bis:		

Vergütung – warum Geld nicht alles ist

Menschen arbeiten, dies ist unbestritten, natürlich auch für ein angemessenes Gehalt. Doch wie hoch muss man die motivierende Wirkung des rein monetären Faktors tatsächlich einschätzen?

Es gibt den Spruch „Geld motiviert nicht. Zu wenig Geld macht unzufrieden." Sicher kann Geld keine Zufriedenheit erzeugen. Früher oder später hat selbst der größte Geldbetrag seinen kurzfristigen Anreizwert verloren. Auf der anderen Seite kann ein zu geringes Gehalt demotivieren. Mitarbeiter werden unzufrieden und arbeiten lustlos, wenn vergleichbare Leistungen in anderen Unternehmen höher vergütet werden.

Geld befriedigt Bedürfnisse

Grundsätzlich befriedigt Geld erst einmal bestimmte grundlegende Bedürfnisse.

- Das Bedürfnis nach einen bestimmten Qualitätsniveau bei der Ernährung und beim Wohnen:
  Natürlich sind die Grundbedürfnisse nach Essen, Trinken und einer Unterkunft in unseren Breiten weitgehend erfüllt. Aber einen etwas höheren Lebensstandard kann sich auf diesen Gebieten nur derjenige leisten, der ein entsprechendes Gehalt bezieht.

- Sicherheitsbedürfnisse:
  Materielle Absicherung vermittelt das Gefühl von Sicherheit. Weiß jemand, dass ein Arbeitsplatz ihm die faire Möglichkeit gibt eine angemessene materielle Sicherheit zu erarbeiten, wird er sich eher engagieren wollen.

- Anerkennung:
  Diesem Bedürfnis kann natürlich nicht nur über ein angemessenes Gehalt entsprochen werden. Trotzdem ist der Aspekt der Anerkennung Bestandteil der Vergütung, und zwar in dem Sinne, dass hohe Leistungen mit einem angemessenen Gegenwert honoriert werden.

- Selbstverwirklichung:
  Besonders innovative Vergütungssysteme beinhalten verschiedene Möglichkeiten sich selbst zu verwirklichen. Dies ist in der Regel nicht ausschließlich ein Thema der Bezahlung. Hier geht es um hoch flexible Arbeitszeitmodelle.

Bestandteile und Wirkung von Vergütungssystemen

Vergütung und Gehalt sind keine identischen Begriffe. „Gehalt" findet sich im Sprachgebrauch als Bezeichnung für das Grundgehalt wieder. „Vergütung" umfasst alle Komponenten finanzieller und materieller Werte, die als Gegenwert für die geleistete Arbeit gezahlt werden, also auch Boni, lang- und kurzfristige Erfolgsbeteiligungen, Dienstwagen, Versicherungsleistungen etc. Besser geeignet wäre hier der Begriff „Gesamtvergütung".

Die Gesamtvergütung ist letztlich die Summe aller barer und unbarer Vergütungskomponenten einschließlich der von den Mitarbeitern zu nutzenden so genannten Mehrwerte. In der Entwicklung der Vergütung in Deutschland zeichnet sich ein Trend hin zur Flexibilisierung des Vergütungssystems ab, eine Reaktion auf die beständig steigenden Einstiegsgehälter in verschiedenen Wachstumsbranchen.

Diese Flexibilisierung hat jedoch mit der Ermittlung verschiedener Bonus-Anteile (beispielsweise individuelle Komponente, Firmenerfolg, Teamzielerreichung) erst begonnen.

Vergütungskomponenten und wie sie motivieren

Die folgende Tabelle zeigt eine Übersicht, welche unterschiedlichen Funktionen die verschiedenen Vergütungskomponenten im Motivationsgefüge erfüllen und wie sie deshalb einzusetzen sind.

Vergütungs-komponente	Wirkung
Fixgehalt	Ermöglicht die persönliche Existenz entsprechend dem gewünschten Lebensstandard. Entspricht dem Bedürfnis nach materieller Sicherheit.
Sozial- und Nebenleistungen (Lebensversicherungen, Firmenrenten u. ä.)	Verdeutlicht das Interesse des Unternehmens am persönlichen Wohlergehen des Mitarbeiters und seiner Familie. Entspricht den Bedürfnissen nach Sicherheit. Vermittelt persönliche Wertschätzung und entspricht damit auch dem Wunsch nach Anerkennung.
Short-term Beteiligungen (kurzfristiger Bonus)	Verdeutlicht, dass das Unternehmen den Beitrag des Mitarbeiters zur Zielerreichung wertschätzend wahrnimmt. Sollte mit Zielvereinbarungen verbunden werden, damit sich eine eindeutige, zeitnahe Verknüpfung von Leistungen und Anerkennung ergibt.
Long-term Beteiligungen (Deferred Compensation, Compensation, Aktienoptionen)	Vermittelt dem Mitarbeiter, dass er auch am langfristigen Unternehmenserfolg beteiligt wird. Die langfristige Auslegung verdeutlicht das Interesse des Unternehmens Mitarbeiter zu binden. Somit ergibt sich für ihn eine Perspektive und er wird emotional an das Unternehmen gebunden.

Vergütungs-komponente	Wirkung
Firmenwagen	Gilt in Deutschland noch als Statussymbol, mit dem insbesondere Außendienste und Vielreisende bedacht werden. Ab einer bestimmten Einkommensgruppe wird ein Firmenwagen mehr als selbstverständliches Arbeitsmittel angesehen. In hohen Einkommensgruppen wird die Frage „Firmenwagen ja oder nein?" kaum noch diskutiert, eher das „Wie", also Konditionen der Privatnutzung, Autotypen etc.
Mehrwerte	Der am meisten verbreitete Mehrwert ist der unentgeltliche Privatgebrauch von Firmenwagen, Diensthandys, Telefon am Arbeitsplatz, E-Mail, Internetnutzung etc. Indem das Unternehmen das Privatverhalten des Mitarbeiters nicht kontrolliert, zeigt es, dass es ihm vertraut.
Budgets (Seminarkosten, Fachliteratur, Arbeitskleidung)	In einigen Firmen werden Budgets für berufsrelevante Leistungen bereitgestellt, die jedoch ebenso einen persönlichen Nutzen enthalten können. Man vermittelt dem Mitarbeiter, dass man ihm beim verantwortungsbewussten Umgang mit den Budgets vertraut und seinen Handlungs- und Entscheidungsfreiraum anerkennt.

Wie Sie Ihr Unternehmen motivierend gestalten

Der variable Anteil steigt

Wir befinden uns auch trotz der vielfach geäußerten Kritik auf dem Weg zum „Shareholder-Value-Modell" mit deutlich höherem variablen Anteil. Damit wird einem bestimmten Gedanken Rechnung getragen: nämlich dem Wunsch der Führung, die Mitarbeiter mögen sich so verhalten, als arbeiteten sie in ihrem eigenen Unternehmen.

Trends der Gesamtvergütung

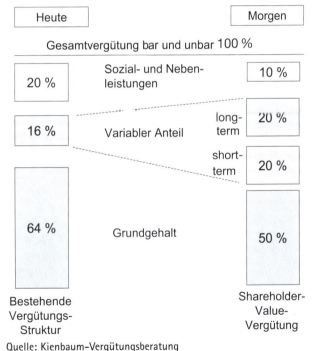

Quelle: Kienbaum-Vergütungsberatung

Ein Stück weit ist diese Vision schon Realität. Mit der Erhöhung des variablen Anteils in den kurzfristigen Erfolgsbeteiligungen und der Einführung eines Anteils, der die langfristige Wertentwicklung des Unternehmens zum Anreiz für jeden einzelnen macht, werden Mitarbeiter vom Angestellten zum Partner.

> ■ *Shareholder-Value-Modelle mögen manchen riskant und wenig attraktiv erscheinen. Doch viele Top-Leister sehen darin eine Herausforderung. Diese stark auf Eigenverantwortung setzende Art der Vergütung ist für sie der Grund sich in diesem und keinem anderen Unternehmen zu engagieren.* ■

Karrieremodelle schaffen Anreize

Mitarbeiter, die Karriere machen wollen, engagieren sich stärker, wenn ihnen Wege zur eigenen Entwicklung aufgezeigt werden. Dieser aufstrebende Typ blickt in die Zukunft und legt Wert darauf, dass das Unternehmen Möglichkeiten zur Entfaltung bereit hält. Solche Mitarbeiter lassen sich durch spezifische Karrieremodelle sehr gut motivieren. Karrieremodelle haben folgende Eigenschaften:

- Sie beschreiben, welchen Verlauf die Entwicklung eines Mitarbeiters in einem Unternehmen nehmen kann, und zwar sowohl in hierarchischen Entwicklungsstufen als auch im Sinne der Kompetenzentwicklung.
- Sie beinhalten Entscheidungsoptionen für Mitarbeiter.
- Sie stellen eine gegenseitige Verpflichtung zwischen Unternehmen und Mitarbeiter dar einen längeren Weg gemeinsam zu gehen.

Gerade der letzte Punkt ist von besonderer Bedeutung, wenn wir uns vor Augen halten, wie häufig heutzutage der Arbeitgeber gewechselt wird. Die Formulierung und Umsetzung von unternehmensspezifischen Karrieremodellen eröffnet Mitarbeitern die Möglichkeit langfristige Ziele im Unternehmen zu verfolgen.

Vorteile und Nutzen von Karrieremodellen

Für Unternehmen	Für Mitarbeiter
■ Überblick über Personalsituation hinsichtlich: – Verbleib im Unternehmen Qualifikationsstand – Entwicklungsabsichten von Mitarbeitern – Altersstruktur – zukünftiger Personalbedarf – Möglichkeiten der internen Rekrutierung ■ Strategische Personalentwicklung	■ Klare Informationen über mögliche Karriereschritte und Inhalte weiterführender Aufgabenbereiche ■ Realistische Einschätzung zu Entwicklungschancen und damit verbundenen Unterstützungsmöglichkeiten ■ Man demonstriert, dass Weiterentwicklung und „Karriere" auch in schlanken Unternehmen möglich sind

Karrieremodelle haben auch den Vorteil, dass die Personalplanung transparenter wird und zielgerichteter erfolgen kann. Die Personalentwicklung wird effizient an den Modellen ausgerichtet. Kosten für die Suche und Bindung externer Fach- und Führungskräfte können reduziert werden, wenn Führungspositionen durch den internen Nachwuchs der Unternehmen besetzt werden.

Mitarbeiter ans Unternehmen binden

Nicht nur die Motivation ist der Grund dafür, dass Karrieremodelle entwickelt werden sollten. Es geht auch darum qualifizierte Kandidaten für sein Unternehmen zu gewinnen und zu halten. Diese wollen heute wissen, welche bereits kurzfristig herausfordernden Entwicklungen in einem Betrieb möglich sind. Die Interessenten sind inzwischen sehr gut informiert. Per Internet lässt sich rasch feststellen, in welchen anderen Unternehmen ein nächster Karriereschritt eher möglich wäre. Bindung und Motivierung gehen in Karrieremodellen also fließend ineinander über.

Karrieremodelle müssen mitwachsen

Mitarbeiter haben natürlich in verschiedenen Lebensphasen sehr unterschiedliche Vorstellungen davon, wie sie weiterkommen können. Karrieremodelle müssen daher flexibel sein und mit den sich verändernden Anforderungen der Mitarbeiter mitwachsen. In jedem Karriereabschnitt werden andere Dinge wichtig.

Die Erwartungen zum Karrierebeginn unterscheiden sich häufig von denen, die Mitarbeiter später, in der Karrieremitte äußern. Diese Veränderung zu kennen ist sehr wichtig, denn nur dann kann man ein Karrieremodell entwerfen, das den sich wandelnden Bedürfnissen entspricht.

Das beschäftigt Mitarbeiter beim Karrierestart

Zum Karrierebeginn stehen eher die Bedürfnisse nach Entwicklung und Entfaltung im Mittelpunkt. Man möchte zügig etwas dazugewinnen und Anerkennung bekommen. Relativ ausgeprägt ist das Bedürfnis nach Statussymbolen wie z. B. einem hohen Gehalt oder einem Firmenwagen. Damit lässt sich zeigen, dass man erfolgreich ist und als Fachkraft einen guten Job macht.

Was Mitarbeiter am Karrierestart beschäftigt, lässt sich vielleicht so ausdrücken: „Hier bin ich und ich habe Großes vor. Wo kann ich das verwirklichen? Wer hilft mir dabei?"

Erwartungen	Weniger wichtige Bedürfnisse
– gute Perspektiven – Entwicklung und Förderung – Möglichkeiten zur Selbstverantwortung, eigene Fähigkeit unter Beweis stellen können – Herausforderung, auch ein gewisses Risiko – Kreativität und Originalität ausleben können – Zügig Status und Prestige entwickeln – Bedeutsames Tun und dafür anerkannt werden – Gute Bezahlung	– Führungsverantwortung übernehmen – Wenig beaufsichtigt und beraten werden – Die Möglichkeit, andere Mitarbeiter unterstützen zu können – Sichere Zukunft

Das beschäftigt Mitarbeiter in der Karrieremitte

Nach der ersten Karriereetappe wissen die Mitarbeiter recht gut über ihre Stärken und Schwächen Bescheid und suchen nach Möglichkeiten Aufgaben zu besetzen, die ihrem Profil entsprechen. Weniger stark ist der Wunsch, die erkannten kleinen „Fehler" der Persönlichkeit zu verändern, auch aus der Einsicht heraus, dass sich bestimmte Eigenschaften im Laufe der Zeit immer schwerer korrigieren lassen.

Die Gedanken könnte man so beschreiben: „Ich weiß, was ich kann und will. Ich bin der, der ich bin, und mache das Beste daraus. Erfolg hatte ich schon und werde ihn weiterhin haben."

Erwartungen	Weniger wichtige Bedürfnisse
– Zur Kenntnis genommen und anerkannt werden – Gewissheit erlangen über Karrieremöglichkeiten und Einschätzung der eigenen Person – Persönliche Stärken adäquat einsetzen und nutzen können – Entwicklung und Förderung durch das Unternehmen – Neue Ziele und Herausforderungen in der besetzten Position – Kontinuierliche Weiterbildung – Sichere Zukunft	– Veränderung und Lernprozess der eigenen Persönlichkeit – Kontinuierliche Gehaltssteigerung – Status und Prestige erlangen und ausbauen – Sich anderen gegenüber beweisen können

Das Karriereverständnis verändert sich

Es gibt natürlich nicht nur die unterschiedlichen Erwartungen an eine Laufbahn, die ein Karrieremodell berücksichtigen muss. Ein Faktor, der eine ebenso wichtige Rolle spielt, ist das Karriereverständnis in der Gesellschaft.

Mit der zunehmenden Verschlankung der Unternehmen (und damit dem Wegfall hierarchischer Stufen) muss Karriere mehr und mehr als eine fachliche Entwicklung verstanden werden. Eine regelgeleitete hierarchische Entwicklung ist in immer weniger Unternehmen anzutreffen.

Gestern	Heute
■ Hierarchischer Aufstieg ■ Entscheidungsgewalt ■ Gehaltsentwicklung ■ Statussymbole ■ Arbeiten innerhalb fester Strukturen	■ Zunahme der Verantwortung ■ Erweiterung des Einflussbereiches ■ Projektarbeit ■ Persönliche Weiterentwicklung ■ Ermöglichen des persönlichen life-balancing

Anforderungen an Karrieremodelle

Worauf es bei der Entwicklung und Umsetzung von Karrieremodellen ankommt, fassen wir nun noch einmal zusammen.

- Die Karrierestufen müssen den Anforderungen des Unternehmens entsprechen. Alle notwendigen Funktionen und

fachlichen Anforderungen zur Zielerreichung des Unternehmens finden sich im Karrieremodell wieder.
- Es sollte so flexibel und offen gefasst sein, dass Stärken und Schwächen einzelner Mitarbeiter berücksichtigt werden können.
- Karriereschritte müssen erreichbar sein. Ist das nicht möglich, verliert das Unternehmen seine Glaubwürdigkeit.
- Einzelne Karriereschritte sind jeweils mit optionalen Entwicklungsmaßnahmen (Weiterbildung, Training, Mentoring, Coaching) zu verbinden.
- Fortschritte sind auch durch eine marktgerechte Vergütungsanpassung zu begleiten.
- Scheinbare „Rückschritte" des Mitarbeiters (z. B. wegen privater Veränderungen oder einer Betonung anderer Lebensbereiche) müssen diskutiert werden können. Die Entscheidung des Mitarbeiters ist zu respektieren. Es darf nicht zu informellen Sanktionen und einem Verlust an Anerkennung und Wertschätzung kommen.

> - *Ein Karrieremodell darf nicht dogmatisch angewendet werden. Ausnahmen und flexible Regelungen muss es dann geben, wenn der Bedarf es erfordert und die Flexibilität und Qualifikation des Mitarbeiters es nahe legen.*

Beispiel

Die Kernaufgabe in einem Unternehmen der Automatisierungstechnik besteht darin, in komplexen Projekten über Monate hinweg Roboterstrecken zu installieren und zu adaptieren. Um die heiß umkämpften Fachingenieure für das Unternehmen zu gewinnen, wird folgendes Karrieremodell vorgeschlagen:

Beispiel für ein Karrieremodell

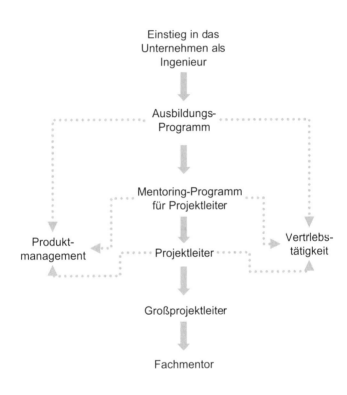

In Veränderungsprozessen richtig motivieren

Wer im Unternehmen Veränderungen initiieren und umsetzen will, hat eine schwierige Aufgabe übernommen. Denn die Herausforderung besteht nicht lediglich darin Innovationen vorzubereiten und einzuführen. Es muss Ihnen gelingen die Menschen in Ihrem Unternehmen für die Veränderungen zu gewinnen.

Widerstände gegen Veränderungen

Neue Vorgehensweisen, neue Perspektiven, neue Lösungen müssen erst einmal verstanden und akzeptiert werden und was verstanden wurde, muss auch gelebt werden. Aber das ist keineswegs einfach. Weshalb?

Veränderung macht Angst

Die Schwierigkeiten in Veränderungsprozessen resultieren in den allermeisten Fällen nicht, wie häufig vorschnell unterstellt, aus einer geistigen Unflexibilität heraus, sondern aus Verunsicherung. „Wir sind heute doch erfolgreich auf die Art und Weise, wie wir arbeiten. Wenn wir uns verändern, wissen wir nicht mehr, wie gut wir danach sind" – oft ist es dieser Gedanke, der für die Unsicherheit und ein zögerliches Vorankommen der Veränderungsprozesse verantwortlich ist.

Bedenken dieser Art sind natürlich berechtigt. Zudem weist uns dieses Verhalten immer darauf hin, dass es in unseren Unternehmen Erfolgsgaranten gibt, die verteidigt werden müssen, damit sie auch nach der Veränderung noch vorhanden wirksam sind.

Andererseits ist es die Aufgabe einer Führungskraft dafür zu sorgen, dass es nicht zum Verharren und zur Stagnation kommt. Bei den Mitarbeitern ist das Bewusstsein zu schaffen, dass gerade die Veränderung es ist, die den Erfolg stabilisiert und ausbaut.

- *Veränderungsmotivation erzeugen bedeutet zu kommunizieren, dass Unsicherheiten ein Teil des Lebens sind, die zugleich neue Horizonte eröffnen.*

Kommunizieren Sie die Veränderung positiv

Dieses Bewusstsein lässt sich auf der Basis folgender positiver Grundannahmen über Veränderungsprozesse und deren Chancen schaffen:

- Simpel, aber wahr: Nichts ist so natürlich wie der Umstand, dass sich die Welt verändert.
- Man kann sich nicht *nicht* verändern. Da sich die Umwelt beständig weiterentwickelt, wird gerade ein Festhalten an einem einmal erreichten Zustand dazu führen, dass sich das Unternehmen nicht an die Umwelt anpassen kann. Stillstand bedeutet deshalb stets auch Rückschritt.
- Will sich ein Unternehmen eine sichere Position erobern, dann muss es sich ständig verändern. Veränderungsprozesse sind nicht Selbstzweck, sondern bedeuten Verbesserung, Stärkung, Sicherheit.

Was für erfolgreiche Veränderungen nötig ist

Soll Veränderung gelingen, wird zweierlei gebraucht: Einerseits eine hohe Qualität der neuen Lösung, andererseits die hohe Motivierung der Beteiligten tatsächlich etwas zu verändern.

Beteiligung in allen Phasen

Nutzen Sie die Tatsache, dass sich Menschen besser mit den Dingen identifizieren, die sie selbst geschaffen haben. Mitarbeiter, die Veränderungen mitgestalten können, werden vor und nach dem Veränderungsprozess ein stärkeres Commitment zum Unternehmen zeigen.

Typisches Mitarbeiterverhalten in Veränderungsprozessen

	Pro Change	Nicht festgelegt	Contra Change
Aktiv	Motivierte Innovatoren	Distanziert Engagierte	Boykotteure
Passiv	Produktive Assistenten	Mitläufer	Skeptische Verharrer

Konstruktiver Umgang mit Widerständen

Widerstände sind durchaus hilfreich. Sie erinnern an das, was bewahrenswert erscheint, verhindern puren Aktionismus und schützen davor in Sackgassen zu geraten.

Führungskräfte sollten Widerstände in Veränderungsprozessen als Selbstverständlichkeit auffassen. Negative Verhaltensweisen von Mitarbeitern wie z. B. Skepsis oder sehr distanziertes Engagement sind in Veränderungsprozessen ganz typisch.

Veränderung vollzieht sich in fünf Stufen

Der Weg zur motivationsfördernden Gestaltung von Veränderungsprozessen führt über fünf Etappen:

- Problembeschreibung
- Zieldefinition
- Projektdesign
- Umsetzung
- Transfercheck

In jeder Phase sollten Sie engen Kontakt zu Ihren Mitarbeitern halten, Sie zur Mitarbeit motivieren und mit Widerständen konstruktiv umzugehen versuchen.

Die folgenden Leitfragen helfen Ihnen einen konstruktiven Umgang mit Widerständen zu pflegen. Das ist die Voraussetzung dafür möglichst viele Mitarbeiter „ins Boot zu bekommen", außerdem wird eine höhere Lösungsqualität gegenüber Einzelkämpfer-Lösungen gewährleistet.

Checkliste: Leitfaden in den Veränderungsphasen

Veränderungs-phase	Fragen zur Motivierung
Problem-beschreibung	– Wie stellt sich das Problembewusstsein der Betroffenen dar? – Wie kann ich die Chancen, die eine Veränderung mit sich bringt, wirkungsvoll kommunizieren? – Was kann ich tun, um bisher geleistete Arbeit wertschätzend anzuerkennen? – Welche Personen könnten sich von Veränderungen persönlich betroffen fühlen (Schuldgefühle, Angst)? – Wie kann Energie für Veränderung geweckt werden, ohne dass übermäßiger Erfolgsdruck entsteht?
Zieldefinition	– Was ist die konkrete Zielsetzung für die einzelnen Betroffenen? – Wie kann diese den Bedürfnissen entsprechend kommuniziert werden? – Wer ist am meisten, wer am wenigsten von den Veränderungen betroffen? – Welche Standards sollen ab sofort für wen gelten, um das Ziel zu erreichen?
Projektdesign	– Wie können möglichst viele Mitarbeiter in die Projektgestaltung eingebunden werden – Sind alle betroffenen aufbauorganisatori-

	schen Einheiten im Projektdesign paritätisch berücksichtigt? – Wer könnte zu Lösungsvorschlägen befragt werden?
Umsetzung	– Zeigen sich alle Mitarbeiter einsatzbereit, um die beschlossenen Veränderungen aktiv mitzugestalten? – Welche Widerstände existieren? Wie kann diesen begegnet werden, wie können sie genutzt werden? – Finden sich in der Umsetzung alle Interessen wieder, die das Projektdesign bestimmt haben?
Transfercheck	– In welchem Umfang sind die Projektziele realisiert worden? – Wurde die erwünschte Beteiligung erreicht? – Welche Widerstände waren „erfolgreich" und welche Bedeutung könnte dies haben? – An welchen Stellen gilt es mit veränderten Konzepten und Ideen „nachzubessern"?

Retention-Programme binden Mitarbeiter

Ein motivierendes Umfeld trägt zur Mitarbeiterbindung bei; hingegen kann ein demotivierendes Umfeld Schuld daran sein, wenn Mitarbeiter das Unternehmen schnell wieder verlassen. Fluktuation wird zu Recht als eine Folge ungelöster Motivationsprobleme betrachtet. Selten ist der Faktor Geld der alleinverantwortliche Grund für die Entscheidung eines Mitarbeiters sich nach einem neuen Arbeitsplatz umzusehen. Der Weggang von einem Unternehmen fällt Mitarbeitern häufig schwerer als angenommen.

Die Mitarbeitermotivation ist ein effektives Mittel, um Fehlzeiten und Fluktuationen zu senken. Externe Human-Resources-Berater werden sehr häufig gefragt, wie dieses Instrument wirkungsvoll in einem Unternehmen eingesetzt werden kann.

In diesem Zusammenhang fällt häufig der Begriff Retention (to retain = festhalten, bewahren). So genannte Retention-Programme haben das Ziel, durch spezielle Aktivitäten insbesondere Leistungsträger an die Firma zu binden. Mit diesen Programmen reagieren Unternehmen auch auf die transparenteren Arbeitsmärkte, auf denen jeder die Möglichkeit hat unverbindlich den eigenen Marktwert zu testen.

■ *Mit Retention wird ein integriertes Maßnahmenbündel beschrieben, das zur Bindung der Mitarbeiter an das Unternehmen beiträgt.* ■

Maßnahmen in Retention-Programmen

Es gilt als erstes herauszufinden, welches die unternehmensinternen Ursachen für die Kündigung von Mitarbeitern sind (denn nur diese Ursachen können gezielt untersucht werden). Anschließend werden Maßnahmen entwickelt, um weitere Kündigungen zu vermeiden. Gleichzeitig wird gezielt darauf hingewirkt, diejenigen Faktoren zu stärken, die den Mitarbeiter an die Firma binden.

Phasen und Aspekte von Retention-Programmen

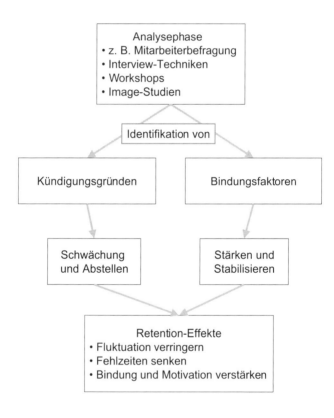

Retention-Programme folgen in der Regel also zwei Strategien, nämlich Kündigungsgründe abzubauen und Bindungsfaktoren zu stärken. Beides gehört in denselben Projektablauf.

Kündigungsgründe

Hier differenzieren wir zwischen Auslösern und Verstärkern. Auslöser sind die eigentlichen Kündigungsgründe, während Verstärker eine Tendenz, sowohl zum Verbleib als auch zum Weggang vom Unternehmen forcieren können. Dies ist nicht immer zu 100 % voneinander zu trennen, manche dieser Faktoren können sowohl Auslöser als auch Verstärker sein.

Auslöser	Auslöser oder Verstärker	Verstärker
Soziale Struktur	Technologie	Branchenzugehörigkeit
Lebenswirklichkeit im Unternehmen	Grad/Niveau der Technologisierung	Branchenimage
Chef-Mitarbeiter-Beziehung	Produktvollzug	Standort
Arbeitsinhalt	Arbeitsplatzgestaltung	Firmengröße
Geistige Herausforderung	Arbeitszeitregelung	Image des Unternehmens
Sinn der Arbeit	Formale Organisationsstruktur	
Spaß an der Arbeit	Beruflicher Aufstieg	
Erfolgserlebnisse	Monetäre Faktoren	
Subjektive Gerechtigkeit	Gehaltsgröße	
Lohngerechtigkeit	Gehaltsform	
Fairness im sozialen Umgang	Beteiligungssystem	
	Sozialleistungen	
	Unternehmensstruktur	

Bindungsfaktoren

Genauso vielfältig wie die Kündigungsgründe fallen die Faktoren aus, die Mitarbeiter an ein Unternehmen binden und eine bewusste Entscheidung für einen Arbeitgeber ermöglichen und festigen.

Faktoren der Mitarbeiterbindung

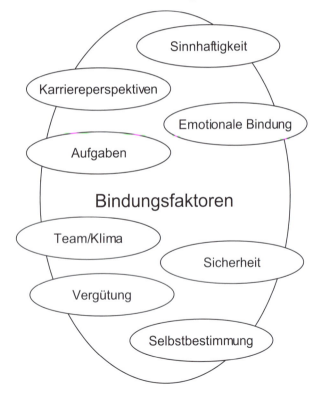

Ursachen analysieren, Maßnahmen abstimmen

Retention-Programme für ein Unternehmen zu entwickeln heißt letztlich nichts anderes als eine motivationsförderliche Unternehmensgestaltung zu betreiben.

Die Kunst besteht in unseren Augen gerade darin, nicht die Vielzahl der Ansätze in einem furiosen Feuerwerk der Möglichkeiten gleichzeitig „abzufeuern" (im Sinne von „viel hilft viel"), es sei denn, man will beobachten, wie sich die verschiedenen Ansätze gegenseitig neutralisieren und Unruhe im Unternehmen erzeugen.

Vielmehr muss das Ziel darin bestehen zu erkennen, welche zentralen Themen im Unternehmen ein Motivationshemmnis darstellen, um dann mit wenigen, aber umso präziseren und integrierteren Maßnahmen die identifizierten Problemstellungen zu bearbeiten.

Darum sollten Verantwortliche für die Einführung von Retention-Programmen nicht nur intuitiv plötzlich einkommenden Ideen folgen, sondern insbesondere auf die Situationsanalyse großen Wert legen. Denn ohne genaue Kenntnisse über die Ursache von Kündigungen gerät ein Maßnahmenbündel sehr schnell zum Blinde-Kuh-Spiel. Obwohl man gelegentlich tatsächlich einen Fang machen kann, wird man doch meist ins Leere greifen.

Die folgende Liste zeigt Ihnen eine Auswahl verschiedener Möglichkeiten die Bindungsfaktoren zu stärken.

Checkliste: So stärken Sie die Bindungsfaktoren

Motivationsfaktor	Beispielhafte Handlungsansätze
Aufgaben	– Steigerung der Abwechslung durch Job-Rotation – qualitative Bereicherung durch Job-Enrichment und -Enlargement
Karriereperspektiven	– Karrieremodelle – Kompetenzaufbau durch Weiterbildungsprogramme etc.
Sinnhaftigkeit	– Möglichkeiten zur Identifikation mit der eigenen Tätigkeit über ganzheitliche Tätigkeiten (Job-Enlargement)
Emotionale Bindung	– Übertragung besonderer Aufgaben – Verantwortliche Einbindung in Projektarbeit
Sicherheit	– Transparenz über die Leistungsbeurteilung, Entwicklungsmöglichkeiten und Unternehmenssituation – Zielvereinbarungssysteme
Selbstbestimmung	– Empowerment durch autonome Unternehmensstrukturen, Entscheidungsverlagerung – Arbeitszeitmodelle
Vergütung	– Trendorientierte Vergütungssysteme, die der Flexibilität der Arbeitsmärkte gerecht werden
Team/Klima	– Gemeinsame off-the-job-Aktivitäten – Teamentwicklungstrainings – Führungskräftetrainings

Die Ebenen von Retention-Programmen

Retention-Programme umfassen also drei Ebenen: Die des Unternehmens, die der Führung und die der Mitarbeiter.

Ebenen von Retention-Programmen

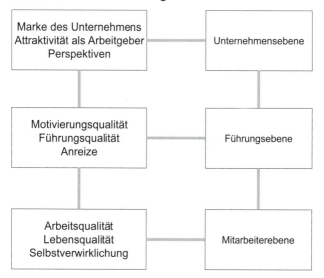

Unternehmensebene

Unternehmen haben eine Innen- und Außenwirkung. Beide können dazu beitragen, dass sich Mitarbeiter an ihre Firma gebunden fühlen. Auf dieser Ebene beschäftigt man sich also mit der Frage, wie das Unternehmen als attraktive „Marke" positioniert werden kann, damit die Mitarbeiterbindung gestärkt wird.

Führungsebene

Auf dieser Ebene ist die Qualität der Anreize und der direkten Führungsarbeit zu thematisieren, da diese die größte direkte Auswirkung auf den Motivationsprozess hat. Auch die Nutzung unternehmensweiter Führungsinstrumente und Incentives ist hier anzusiedeln.

Mitarbeiterebene

Auf dieser Ebene beschäftigt man sich mit den Möglichkeiten der Selbstverwirklichung und Entfaltung der Mitarbeiter. Es geht hier um Maßnahmen zum Erhalt der Leistungsfähigkeit, um Unterstützung bei der persönlichen Entwicklung, aber auch um die Eröffnung von Freiräumen, damit sich Mitarbeiter auch Lebensbereichen jenseits des Berufs widmen können, die ihnen wichtig sind.

Motivationsinstrumente müssen zusammenpassen

Es hängt ganz von den Erfordernissen in Ihrem Unternehmen ab, ob Sie sich bei der Analyse und den durchzuführenden Veränderungen auf die einzelnen Ebenen beschränken oder übergreifend arbeiten. Beides ist selbstverständlich möglich.

Wichtig ist die Abstimmung der einzelnen Ansätze. Schließlich wollen Sie keine Vielzahl von Insellösungen mit hohem Übersetzungsbedarf, sondern ein sinnvolles Ganzes. So muss z. B. das Vergütungssystem mit einem Zielvereinbarungssystem harmonieren und dieses wiederum eine sinnvolle Ergänzung im Weiterbildungsangebot finden. Für diese Entwicklungsarbeit gilt daher: Lieber erst zwei statt vier Schritte, diese aber in dieselbe Richtung und sauber ausführen, bevor der nächste Schritt geplant wird.

Empowerment: Vom Mitarbeiter zum Mitunternehmer

Führungskräfte wünschen sich den mitdenkenden, engagierten und selbstständigen Mitarbeiter. Kurz gesagt: den Mitunternehmer.

„Empowerment" ist ein Schlüsselbegriff in dem Prozess, der zum Beispiel aus Amtsstuben Service-Center werden lässt und aus einst selbstverwalterisch denkenden Abteilungen in Industrieunternehmen kundenorientierte interne Dienstleister geformt hat.

Der Prozess des Umdenkens

„Empowerment" bedeutet „Ermächtigung". Damit verbunden sind häufig ein bis zwei Jahre dauernde Projekte, die eine Neuverteilung von Aufgaben, Zuständigkeiten und Entscheidungen mit sich bringen, vor allem aber ein prinzipielles Umdenken. Ein oft schwieriger Prozess, der nicht reibungslos verläuft, jedoch ein bestimmtes Ziel verfolgt: nämlich zu ermöglichen, dass jeder Mitarbeiter den Handlungs- und Entscheidungsspielraum bekommt, den er braucht, um Unternehmer zu sein, selbstverantwortlich handeln zu können und ein Verständnis von Kundenorientierung zu entwickeln.

In diesem Prozess, der Entscheidungen und Handlungsspielräume möglicherweise neu verteilt, der auch Aufbau- und Ablauforganisationen in Frage stellt, sollten Sie sich zu Beginn drei Kernbereichen widmen, die im Folgenden erläutert werden. Sie erhalten auf diesem Wege wertvolle Informationen darüber, wo Potenziale zur Verbesserung liegen, die auch die Motivation des einzelnen Mitarbeiters berühren.

Entscheidungen und Aufbauebenen

Verfügen wir über eine Aufbauorganisation, die unseren Zielsetzungen entspricht? Ist der Aufbau effektiv und flexibel, vermittelt er aber auch Ordnung und Zuverlässigkeit?

Eine Unternehmenskultur, in der die Dokumentation eine äußerst wichtige Rolle spielt, in der hoch formalisiert und mit zahlreichen Anweisungen und Richtlinien gearbeitet wird, *kann* ein Hinweis darauf sein, dass die bestehende Organisationsstruktur zu tief gegliedert ist.

Andererseits ist eine permanente Entscheidungsunsicherheit bei Mitarbeitern ein *möglicher* Hinweis darauf, dass die Gliederung zu flach oder anderweitig zu wenig differenziert ist.

Breite und Abgrenzung

Sind die bestehenden Arbeitsteilungen gerechtfertigt? Besteht eine zu starke Tendenz zum Taylorismus oder aber zum übertriebenen Generalistentum, in dem die Expertenwirkung ausgebremst wird?

Am Umfang und den Inhalten der Kommunikation zwischen den Abteilungen lässt sich leicht ablesen, ob die gegenwärtige Aufgabenverteilung effektiv gestaltet ist oder nicht.

Sind in einem Unternehmen z. B. zahlreiche Projektgruppen implementiert, deren Mitarbeiter nach komplizierten Zeitverteilungsmodellen vielfältige, sich teilweise überschneidende Themen bearbeiten, so kann dies ein Hinweis darauf sein, dass bisherige Strukturen durch neuere ersetzt werden sollten, die die Anforderungen an das Unternehmen realitätsgetreuer abbilden können. Dies gilt insbesondere dann, wenn die Mitarbeiter das Gefühl haben, vor lauter „Projekt" gar nicht mehr zu ihrer eigentlichen Arbeit zu kommen.

Es sind aber auch Fälle denkbar, in denen gerade eine engere Verflechtung gesucht werden sollte.

Informelle Strukturen und Wege

Informelle Strukturen und Wege entstehen in der Regel nicht zufällig. Oft sind sie ein effizienter Weg für Mitarbeiter an Informationen zu gelangen, die sie für ihren Job benötigen, auf dem „offiziellen" Wege jedoch nur mühselig und zeitraubend beschaffen können. Funktioniert ein informeller Weg besser als der formelle, dann wird dieses Mittel auch genutzt.

Existieren zahlreiche solcher Kanäle, dann ist dies ein Hinweis darauf, dass umfangreiches Optimierungspotenzial im Unternehmen schlummert, das es lediglich „ans Licht" zu holen gilt. In diesem Moment sind Mitarbeiter eines Unternehmens die besten Prozessoptimierer.

Um den Weg „Empowerment" zu gehen, brauchen Unternehmen vor allem
- Mut und Willen zur Veränderung,
- Optimismus,
- Vertrauen in Mitarbeiter und deren Fähigkeiten.

Ausblick

Wir hoffen, dass dieser TaschenGuide Sie dazu angeregt hat nachzudenken über Ihre Ziele, über Ihr Unternehmen, Ihren Führungsstil und Ihre Mitarbeiter.

Jetzt gilt es, aktiv zu werden. Es steht in Ihrer Macht, Dinge in Angriff zu nehmen und zu verändern.

Vielleicht stören Sie seit langem bestimmte Punkte an Ihrem eigenen Verhalten oder an Ihrer Umwelt. Wenn Sie die vielen nützlichen Hinweise beachten, die wir Ihnen gegeben haben, werden Sie in der Lage sein Entscheidungen pro oder contra Veränderungen zu treffen: Was wollen Sie akzeptieren, was wollen Sie verändern? Werden Sie vielleicht sogar zu dem Entschluss kommen, Ihre Firma zu verlassen, weil sie Ihnen keinen Entfaltungsmöglichkeiten bietet?

Eines steht fest: Sie selbst sind für Veränderungen verantwortlich. Mag sein, dass Sie gelegentlich lieber darauf warten, dass andere den ersten Schritt hin zu Veränderungen machen. Aber dieser erste Schritt sollte immer von denen unternommen werden, die eine Veränderung wollen. Auf andere zu warten heißt häufig, Veränderungen zu verhindern. Wenn Sie wissen, was getan werden soll – tun Sie es! Nach dem Motto: Love it, change it or leave it.

Literaturverzeichnis

Clutterback David und Kernaghan Susan: Empowerment. So entfesseln Sie die Talente Ihrer Mitarbeiter, Landsberg am Lech, 1997

Cooper, Robert K. und Sawaf, Ayman: EQ. Emotionale Intelligenz für Manager, München 1998

Goleman, Daniel: Emotionale Intelligenz, München 1997

Niermeyer, Rainer: Coaching. Ziele entwickeln, Selbstvertrauen stärken, Erfolge kontrollieren, München 2006

Niermeyer, Rainer: Soft Skills - Das Kienbaum Traningsprogramm. Das richtige Gespür für Menschen und Märkte entwickeln, München 2006

Niermeyer, Rainer: Motivation. Instrumente zur Führung und Verführung, München 2007

Niermeyer, Rainer und Postall, Nadia: Führen. Die erfolgreichsten Instrumente und Techniken, München 2007

Rheinberg, Falko: Motivation, Stuttgart 2006

Ross, West: Wie Sie Ihren Job lieben können, Landsberg am Lech, 1999

Sprenger, Reinhard K: Das Prinzip Selbstverantwortung, Frankfurt, 2007

Stroebe, Anja: Motivation, Arbeitshefte Führungspsychologie, Heidelberg 2006

Stichwortverzeichnis

Abhängigkeitsdenken 58
Anerkennung 83
Anreize 97
Anspannung 16 f., 26
Antriebskraft 14

Bedingungen 63 ff.
Bedingungsumfeld 25

Coaches 78 f.
Comfortzone 56

Delegation 78 f.
Denken, positives 52 ff.

Emotionale Intelligenz 21 f., 26
Emotionen 21 f.
Entscheidungen 44 ff.
Entscheidungsmöglichkeiten 75
Entscheidungsprozess 19 f.
Entscheidungsunfreudigkeit 56
Entspannung 16 f., 26, 59 f.
Erfolg 25 f., 29

Fähigkeiten 23 f., 26
Feedback 81 ff.
Fehlertoleranz 73
Führungsarbeit, motivierende 65
Führungskraft 62 ff.
Führungsstil 73

Handeln, selbstverantwortliches 74 ff.
Handlungsfelder 32 ff.
Handlungsspielräume 74 ff.
Hurry-Krankheit 57

Karrieremitte 101
Karrieremodelle 97 ff.
Karrierestart 100
Kompetenzen 50 ff.
Kompetenzmodell 47 f.
Kompetenzpyramide 48
Kritik 83
Kündigung 113

Lebenskonzept 28 ff., 33
Leistungsfähigkeit 58 f.
Leistungsgrenze 58 f.

Stichwortverzeichnis

Manipulation 9 f.
Mitarbeiterbindung 110 ff.
Mitarbeiterkompetenzen 79 f.
Mitarbeitermotivation 62 ff.
Mitarbeiterverhalten 107 f.
Mitarbeiterziele 66 ff.
Motivation, allgemeine 14
Motivation, spezifische 15 ff., 26
Motivationsinstrumente 118
Motivationsprozess 13 f.

Optimismus 54

Realitätssinn 55
Regeneration 58 ff.
Retention-Programme 110 ff.
Rollen 32 ff.

Scheinverantwortung 75
Selbstbeeinflussung 56 ff.
Selbstmotivation 44 ff.
Selbstverstärker 54 f.
Selbstvertrauen 71 ff.
Selbstwirksamkeit 17 ff., 26
Sinnhaftigkeit 53

Unternehmenskultur 76, 88
Unternehmensziele 67

Veränderungsprozesse 105 ff.
Vergütung 91 ff.
Vergütungskomponenten 94 f.
Vergütungssysteme 93 ff.
Vertrauenskreislauf 72
Visionen 28 f., 35
Vorannahmen, negative 55
Vorannahmen, positive 53 ff.

Wertschätzung 83
Widerstände 105 f.
Willenskraft 24

Zeitperspektive 22 f.
Zielarten 70
Ziele 22, 38 ff., 42, 59
Zielformulierung 40 ff., 66 ff.
Zielmix 71
Zielorientierung 86 ff.